歌曲漢譯數題

한역으로 풀이하는 우리 가곡

글 / 심재기 바오로

프란치스코 출판사

歌曲漢譯數題
한역으로 풀이하는 우리 가곡

1판 • 2022년 7월 26일
지은이 • 심재기

교정 교열 • 이충환
표지 그림 • 오창록
표지 디자인 • 박선영
내지 디자인 • 조성민

펴낸이 • 김상욱
만든이 • 조수만
만든곳 • 프란치스코출판사(제2-4072호)
주소 • 서울 중구 정동길 9
전화 02-6325-5600
팩스 02-6325-5100

© 심재기, 2022

ISBN 978-89-91809-40-6 03800

값 13,000원

歌曲漢譯數題

沈在箕

方濟各出版社

목차

추천사
    심재기 이인복 부부의 회혼을 축하드리며 / 오수록 6

1. 韓何雲의 「파랑새」 14
2. 김말봉의 「그네」 18
3. 朴木月의 「離別의 노래」 22
4. 金素月의 「진달래꽃」 26
5. 金聖泰의 「한 송이 흰 백합화」 31
6. 李永道의 「구름」 36
7. 韓明熙의 「碑木」 47
8. 金亨俊의 「鳳仙花」 55
9. 金東鳴의 「내 마음」 60
10. 金東煥의 「南村」 66
11. 尹東柱의 「序詩」 70
12. 金永郞의 「모란이 피기까지는」 74
13. 李殷相의 「그 집 앞」과 「彈琴臺」 80

14. 尹海榮의 「先驅者」 86

15. 徐廷柱의 「菊花 옆에서」 91

16. 趙芝薰의 「古寺」 96

17. 鄭芝鎔의 「故鄕」 99

18. 沈奉錫의 「얼굴」 106

19. 「玩花衫」과 「나그네」 114

20. 金剛山 二題 118

21. 鄭芝溶의 「鄕愁」 122

22. 朴斗鎭의 「落葉」 131

23. 李陸史의 「靑葡萄」 134

24. 趙芝薰의 「落花」,「芭蕉雨」,「僧舞」三篇 139

25. 韓龍雲의 「님의 沈默」 146

26. 金光均의 「雪夜」 154

추천사

심재기 이인복 부부의 회혼을 축하드리며

하느님은 시인詩人이십니다. 태초에 하느님께서 당신의 모상대로 사람을 지으셨기 때문에 사람 또한 시인입니다. 땅속 어디나 파면 샘물이 솟고, 그 샘물을 마시면 목마름을 해결할 수 있듯이, 사람의 마음속에도 시심詩心이라는 것이 있어서 그것을 건드리고 자극하면 시詩가 되고, 시는 삶의 청량제清涼劑 역할을 해 줍니다. 이는 선험적으로 인간이 시인으로서의 가능태를 가지고 있다는 증거입니다. 따라서 시인은 시심을 꺼버리지 않고 그것에 불을 붙여 주는 역할을 담당합니다. 시인은 끊임없이 '시심에 불을 붙여 주는 행위'를 통해서 시의 가능태를 점차 현실태로 만들어가는 것이지요. 즉, 시인은 시인으로서의 가능태에만 머물지 않고 완성태를 향해 나아가는 것이지요.

사람이 어떤 일을 잘하려면, 먼저 그 일을 좋아해야 합니다. 요리를 잘 하려면 먼저 요리를 좋아해야 하듯이, 좋은 시인이 되려고 하면 먼저 시를 좋아해야 합니다. 그리고 더 나아가 자신이 좋아하는 시를 수없이 읽고 외우고, 또한 시를 많이 지어 봐야 합니다. 시에 대한 이해와 안목이 깊고 높고 넓어지면 전에 보이지 않던 것이 보이게 되고, 전에 깨닫지 못했던 것을 깨닫게 되고, 시가 남다른 의미로 다가오게 됩니다. 그래서 이전에 보고 듣고 깨닫던 것과 지금 보고 듣고 깨닫는 것에는 확연한 차이가 생깁니다. 시인은 이러한 과정을 거치면서 좋은 시인으로 성장하게 되는 것입니다.

사람들은 좋은 시를 읽고 나면, "그 시 참 좋다, 마치 내가 지은 시 같다"고 말하기도 합니다. 이 말 속에는 시인이 지은 시가 '내 마음이나 생각을 잘 반영해 주고 있다'는 뜻이 숨어 있습니다. 자신에게 시를 지으라 하면 도무지 어떻게 지어야 할지 막막해 하던 사람도, 좋은 시를 읽으면 시에 대해 공감하게 됩니다. 이때 느끼는 공감과 동질감은 그 사람의 마음을 무한히 증폭시켜 크나큰 공명을 만들어 냅니다. 그때 독자는 시에서 특별한 인생의 의미를 찾게 되고 행복을 경험하게도 됩니다.

시가 없는 세상은 어떨까요? 아마도 무미건조할 것 같습니다. 또 시가 없는 삶은 어떨까요? 마치 국물 없는 맨밥을 꾹꾹 씹어 삼키듯 목이 멜 것 같습니다. 저는 강연을 할 때 강연 첫머리에 항상 시를 읽어줍니다. 그러면 무표정했던 사람도 얼굴에 생기가 돌게 되고, 무뚝뚝했던 사람도 편안한 마음을 가지게 됩니다. 시에는 마음의 긴장을 풀어주고 어루만져주는 힘이 있거든요. 어디 그뿐인가요! 시에는 사람의 마음을 흔들고 가슴 울리게 하는 매력魅力이 있습니다. 그래서 시인은 사람의 마음을 흔들고 가슴 울리게 하는 시 한 편을 얻으려고 자신의 일생을 걸기도 합니다.

　제가 존경하는 원로 국어 학자이신 율포栗浦 심재기沈在箕 바오로 교수님께서는 이번에 아주 특이한 장르의 한역시漢譯詩 해설집 한 권을 상재上梓하셨습니다. 제가 특이한 장르라고 말씀드리는 것은 한국문학사에 아주 드문 사례이기 때문에 그렇습니다. 영미시英美詩를 비롯한 외국시를 한글로 번역하는 경우에 비해, 우리 현대시를 한시로 번역하는 경우는 극히 드뭅니다. 제 일천日淺한 견문으로는 김억 시인의 『한시역선』(한국문화사, 홍순석 엮음, 1988)과 중국문학 전공자요 한시를 짓는 강성위 선생이 최근에 내놓은 『한시로 만나는 한국 현대시』(푸른사상, 강성위, 2022) 두

권이 전부인 것 같습니다. 필자의 생각에 이러한 사례가 매우 드문 이유는, 우선 한글이나 한문 모두에 능통해야 하고, 정형시인 한시의 운율韻律이나 평측平仄 등을 훤히 꿰고 있어야 하며, 더 나아가 현대 서정시抒情詩에 있어서도 깊은 이해가 수반隨伴되어야 가능한 작업이기 때문 아닐까 싶습니다.

주지하다시피 한글과 한문에는 큰 차이가 있습니다. 전자는 소리글이요, 후자는 뜻글로 이뤄져 있습니다. 그러므로 시에 있어서도 당연히 차이가 있습니다. 한글시는 형용사가 매우 발달되어 있고 감칠맛이 난다는 것이요, 한시에는 그런 감칠맛은 없지만 뜻에 담긴 웅숭깊은 맛이 있다는 것입니다. 이처럼 한글시와 한시는 각기 다른 특징特徵을 지니고 있습니다.

심 교수님께서는 우리 가곡歌曲의 원시原詩를 한역漢譯하신 이유를 다음과 같이 말씀하십니다.

> "가곡歌曲의 원시原詩가 한시漢詩의 구조構造에 잘 대응對應하기 때문입니다."(중략) "한시漢詩는 사언四言도 있고 육언六言도 있는데, 오늘날 정형定型으로 유행流行하는 것은 오언五言과 칠언七言"입니다. 그것이 사행四行으로 끝나면 절구絶句가 되고, 팔행八行으로 끝나면 율시律詩가 됩니다. 저는 주로 칠언율시七言律詩를 좋아합니

다. 그런데 우리나라 가곡歌曲의 노랫말로 선택된 서정시抒情詩들은 그 시詩의 구성構成이 한시漢詩의 칠언율시七言律詩에 아주 가깝습니다. 따라서 번역작업飜譯作業을 하기가 대단히 수월한 것입니다."

이렇듯 심 교수님께서는 우리 가곡歌曲의 원시가 한역하기에 비록 용이하다고 할지라도 "우리 고유어固有語의 맛갈스러움과 아련함을 한자漢字로 바꾸는 데는 한계가 있었다"는 점에 대해 수긍하시면서 다음 두 가지 점에 대해 강조하십니다.

"첫째 '번역飜譯은 반역反逆이라는 통념通念이 참으로 진실眞實이라는 점'이요, 둘째 '그럼에도 불구하고, 인류문화人類文化는 그 반역작업反逆作業을 통하여 서로 다른 문화文化와 사회社會 사이에 사상思想과 감정感情을 소통疏通하여 왔고, 그 반역작업反逆作業을 통하여 인류보편人類普遍의 문화통섭文化通攝이 진행'되었다."

위에서 심 교수님께서는 '번역飜譯은 반역反逆이고 사회 통념通念은 진실眞實이라는' 세상의 일반론과 인식의 궤를 같이 하시면서도, 그럼에도 불구하고 인류 문화는 이러한 반역작업反逆作業을 통하여 서로 소통疏通해 온 것도 사실이고, 이러한 반역 작업을 통하여 인류보편人類普遍의 문화통섭文化通攝이 진행되었다는 점 또한 사실임을 밝히십니다.

한편, 심 교수님께서는 시인의 사명使命과 독자의 시은詩恩에 대해서도 잊지 않고 섬세하고 자상한 설명을 덧붙이십니다. 교수님께서는 "시인의 원초적 사명使命이란, 절망의 어둠 속에서 희망의 여명黎明을 노래해야"하고, "시인은 그런 사람이어야 한다"고 하시면서, 시인의 입장에서 말씀도 하지만, 다른 한편으로는 고통이나 고난을 겪는 사람에게 시는 "어떤 약보다 좋은 치료제가 된다"고 하시면서, 독자의 입장에서도 말씀하십니다. 그리고 "시詩는 만인萬人의 영약靈藥"이요, "위로와 해탈의 약"인 동시에 "시는 아픔을 견디게 할 뿐만 아니라, 아픔을 이기게 하고, 아픔을 잊게 하고, 아픔을 벗어니게 하는 것"이라고 첨언添言하시면서, 딩신의 일생을 통해 받은 시은詩恩을 풀어놓고 계십니다.

> "시詩를 읽으면, 이 세상이 아물아물 꿈결같이 멀리 사라질 때가 있습니다. 시를 읽으면, 높은 산 위에 오른 것처럼 이 세상이 까마득하게 내려다보입니다. 작고 초라해 보이기도 합니다. 그리고 또 시를 읽으면, 이 세상이 장밋빛 별천지로 보이기도 합니다. 내가 만나고 함께 살아온 모든 사람, 사랑하는 가족, 늘 사귀

는 친구들, 오다 가다 만나는 모든 이웃이 참으로 사랑스럽고 소중해 보입니다. 그리고 후회하게 됩니다. 지난 세월에 잘못했던 일들이 주마등처럼 스쳐가며 부끄러워집니다. 그런 다음에 마음이 가볍고 후련해집니다. 그래서 시가 좋습니다."

그렇습니다! 심 교수님께서 술회述懷하신 말씀처럼 시詩에는 우리 사람을 맑고 맑게 헹궈 주고 정화시켜 주는 기능이 있습니다. 꿈꾸고, 성찰하고, 인정하고, 받아들이고, 그래서 아무리 남루한 삶이라 할지라도 그 삶에 대해 무한히 긍정하게 되고, 살아오면서 자신이 만나고 함께 살아온 사람들, 사랑하는 가족, 지금까지 사귄 친구들, 이따금 만나는 이웃들에게까지도 사랑으로 다가가게 됩니다. 어디 그뿐이겠습니까? 그 사랑이 나를 넘어 타인他人으로, 타인을 넘어 모든 타자他者들인 피조물에게까지 연결됩니다. 이 얼마나 감동스럽고 전율을 느끼게 합니까? 이 얼마나 흥분되고 가슴을 울렁거리게 합니까? 이것이 바로 시의 묘미妙味요, 시의 마력魔力이요, 시은詩恩이 아니고 무엇이겠습니까!

금년 7월 26일 회혼을 맞이하시는 심 교수님께서 그동안 심혈을 기울여 새겨 오신 한역시들을 해설과 더불어 『歌曲漢譯數題』에 모아 놓으셨습니다. 회혼을 맞이하시는 심재기 바오로 교수님과 평생의 반려자이신 이인복 마리아 교수님께 존경어린 축하를 올리고, 회혼을 기념하여 출간하는 웅숭 깊은 이 작품을 독자 여러분께 마음의 선물로 권해드리며, 이 작품을 통해 큰 은혜 누리시기를 축원합니다.

2022년 6월 19일
지극히 거룩하신 그리스도의 성체성혈 대축일에
작은형제회(프란치스코회) 수도원 심시재尋詩齋에서
오수록 프란치스코 형제 OFM

1
韓何雲의「파랑새」

추위가 성큼 다가온 年末 어느 날, 親舊의 訃音을 받고 惆然한 心境으로 책을 읽다가 韓何雲(1919~1975)의 詩 한 篇을 읽게 되었습니다. 노래로도 愛唱되는 짧은 詩입니다. '파랑새'라는 노래입니다.

    나는 나는 죽어서 파랑새 되어
    푸른 하늘 푸른 들 날아다니며
    푸른 노래 푸른 울음 울어 예으리
    나는 나는 죽어서 파랑새 되리
    파랑새 되리

이렇게 다섯줄의 짧은 詩, 짧은 노래입니다.

이 노래를 흥얼거리며 생각해 보았습니다. 이 詩人은 잘 알려진 바와 같이 한센氏病을 앓은 분입니다. 天刑이라고, 세상 사람들은 너무 너무 무서워하고 또 가엾어 하는 病입니다. 이 病을 앓으면서 이 詩人은 詩를 쓰게 되었을 것입니다. 詩는 그에게 어떤 藥보다 좋은 治療劑였을 것입니다. 그에게는 詩처럼 좋은 藥이 없었을 것입니다.

그리고 또 생각해 보았습니다. 詩人 韓何雲에게만 詩가 靈藥이었을까 하고 말입니다. 그렇습니다. 詩는 萬人의 靈藥입니다. 靈魂의 藥이요, 慰勞와 解脫의 藥입니다. 나에게도 詩는 千病萬魔의 藥입니다. 아픔을 견딜 뿐 아니라, 이기게 하고, 잊게 하고, 벗이니게 하는 藥입니다.

詩를 읽으면 이 世上이 아물아물 꿈결같이 멀리 사라질 때가 있습니다.

詩를 읽으면 높은 山 위에 오른 것처럼 이 세상이 까마득하게 내려다 보입니다. 작고 초라해 보이기도 합니다.

그리고 또 詩를 읽으면 이 세상이 장미빛 別天地로 보이기도 합니다. 내가 만나고 함께 살아온 모든 사람, 사랑하는 가족, 늘 사귀는 친구들, 오다 가다 만나는 모든 이웃이 참으로 사랑스럽고 소중해 보입니다.

그리고 後悔하게 됩니다. 지난 세월에 잘못했던 일들이 走馬燈처럼 스쳐가며 부끄러워집니다. 그런 다음에 마음이 가볍고 후련해집니다.

그래서 詩가 좋습니다.

오늘도 나는 韓何雲의 파랑새를 읽으며 노래하며 마음의 平和를 누립니다. 이 平和에 報答하는 뜻에서 그분의 이름을 가지고 詩 한 首를 지어 보았습니다. 그 다음에 파랑새를 漢譯하였습니다.

파랑새

韓族殖民激動期	우리나라 殖民地요 激動期일 때
何緣得病癩患苦	어찌하여 癩病으로 고생하였나
雲水行脚恨平生	한평생 한탄하며 떠돌았으나
詩唯伴侶俗世傲	오로지 詩가 있어 세상 견뎠네
我死去後爲靑鳥	나는 나는 죽어서 파랑새 되어
飛翔蒼空又藍野	푸른 하늘 푸른 들 날아다니며
淸曲綠鳴唱和行	푸른 노래 푸른 울음 울어 에으리
棄世願化靑鳥歌	세상 떠나 파랑새 노래가 되리

2
김말봉의 「그네」

우리 노래 「그네」를 흥얼거리다가, 그네 타기의 由來(유래)가 궁금하여 辭典(사전)을 찾아보았다.

"큰 나무의 가로질린 가지나, 두 기둥 위에 나무를 가로질러 두 줄을 이어 매고, 줄을 맨 아래에 밑싣개를 걸쳐 놓고 올라 타, 앞뒤로 움직여 날으는 기구 또는 그 운동. 中國(중국) 漢(한)·唐(당) 시절부터 있었으며 韓國(한국)에도 高麗(고려) 以後(이후) 들어온 것으로 특히 端午節(단오절)에 부녀자가 많이 즐김."

이 說明文(설명문)에는 '밑싣개'라는 조금 생소한 낱말이 눈에 뜨인다. 요즈음 말로 바꾸면 '밑받침 板(판)'이라 할 수 있을 것이다. 그리고 또

疑心스러운 것은 '그네'가 中國에서 들어온 놀이 運動이라는 것이다.

이 문제는 民俗遊戲에 관한 廣範圍한 硏究와 調査가 필요한 것이므로 더 이상의 論議는 留保해야 할 것 같다.

그러면 우리의 關心은 그네타기의 主體와 效用·機能이다. 端午節을 중심으로 한 初夏의 계절에 閨房의 婦女子들이 즐겼다 하고, 또 실제로 지금도 여성들의 專有놀이 내지 運動으로 認識되고 있으니 그 閨房 處子들은 이 그네를 通하여 무엇을 즐기고 얻었을까?

이때에 문득 「春香傳」의 한 장면이 聯想된다.

「春香傳」의 로맨스는 바로 南原 廣寒樓에 散步 나온 李道令의 눈에 그네 타는 春香이 발견됨으로써 시작되기 때문이다. 李道令이 房子에게 그네 타는 주인공 春香의 身元을 確認하는 對話는 省略하기로 하자. 冊房 道令의 궁금증을 誘發한 그네 行爲의 本性이 먼저 밝혀져야 하기 때문이다.

첫째, 그네 타기는 半封鎖的인 朝鮮朝 兩班 婦女子들에게 制限的으로 許可된 外出이었다.

둘째, 그 外出은 그렇다고 하여 外部世界, 바깥세상과 直接 疏通할 수 있는 通路가 열리는 것은 아니었다.

　　셋째, 그러나 그네에 올라타고 반드시 발판을 굳게 딛고 발을 굴러 飛翔함으로써 바깥세상을 엿볼 수 있었다.

　　넷째, 스스로 만든 바람이건, 밖에서 불어 온 바람이건 그 바람이 치맛자락을 들치기라도 한다면(저 유명한 마릴린 먼로의 치마 잡는 모습을 연상하시라.), 겹겹이 속치마로 감추어진 하체이지만, 處子들은 잠시나마 露出의 만족감을 느끼지는 않았을까?

　　다섯째, 要컨대 그네 타기는 規範에 갇힌 儒敎 社會의 處子들에게는 얼마간 그 規範의 일탈을 맛보는 절호의 기회였다.

　　지금 世上이야 이런 逸脫이 아무런 價値가 없겠으나 1世代 前쯤만 해도 그네 타기는 집안에 갇혀 살다시피 한 얌전한 處子들에게 더없는 解放의 순간이었다. 이쯤 해서 우리 歌曲, 김말봉의 「그네」를 漢譯하여 보자.

鞦韆

細苧玉裳金箔叢	세모시 옥색치마 금박 올린 저 댕기가
蹴飛蒼空雲中颺	창공을 차고 날아 구름 속에 나부낀다
燕亦驚懼展翅觀	제비도 놀란 양 나래 치고 보더라
一振至尖樹端茫	한 번 구르니 나무 끝이 아련하고
二重蹴足下娑婆	두 번 거듭 차니 사바가 발아래라
萬種愁心風載放	마음의 일만근심 바람이 실어가네

3
朴木月의「離別의 노래」

離別은 잃는 것입니다. 그러므로 喪失感에 괴로워하고 아파합니다. 사람도 잃고, 물건도 잃고, 시간도 장소도 잃는 것입니다. 때로는 마음을 잃는 수가 있습니다.

어떤 사람을 잃는 것일까요? 사랑하는 사람입니다. 이 세상 살아가면서 사랑하는 사람이 얼마나 많습니까? 아버지, 어머니, 兄弟姉妹 등등의 가족과 친지들, 尊敬하고 배우던 스승과 이웃들, 함께 놀며 공부하며 사귀던 친구들, 그리고 나 혼자 가슴 조이며 좋아했던 저 愛人이란 사람.

그들을 잃는 것입니다. 다행스럽게도 간혹 暫定的, 一時的 離別이라는 것도 있습니다. 그것은 다시 만날 수 있는 離別입니다. 사실 이런 것은 離別이라 할 수 없습니다.

사랑하던 물건들, 가령 수십년 情 들여 살던 집, 책과 책상, 그런 것들도 손때가 묻고 情이 들었으면 다시 볼 수 없게 된 순간 離別의 喪失感을 맛보게 됩니다.

지나간 時間, 돌아올 수 없는 歲月도 離別하는 것입니다. 그렇다면 우리는 時時刻刻으로 지나간 時間과 離別하며 사는 셈입니다. 時間과의 離別은 사람들이 잘 느끼지 못하지만, 때때로 그리운 過去를 回想하는 순간, 그 幼年時節·少年時節·靑年時節·壯年時節을 가슴 저리게 그리워합니다.

그 흘러간 시간과 함께 故鄕 마을, 시골집, 다니던 學校, 이런 空間, 物體가 이제는 다시 볼 수 없게 되었을 때 그것 역시 離別의 喪失感으로 아쉽고 슬퍼집니다.

그렇다면 우리는 每瞬間 離別의 連續으로 사는 것이 아닙니까? 그렇습니다. 우리는 이별에 이별을 거듭하며 살고 있습니다. 이제야 알겠습니다. 이별은 익는 것입니다. 成熟입니다.

離別이 없다면 어떻게 철이 들고, 自立하고, 毅然하고, 誠實할 수 있겠습니까? 離別이야말로 人格을 익히고 品性을 調練하고

患難을 克復하게 하는 治療劑가 아닐까요?

 우리 모두 離別을 서러워만 하지 맙시다.

 그러면 朴木月의 「離別의 노래」를 漢譯해 보겠습니다. 離別이 不可避하고 必然的인 인생의 路程이라면, 그러면 "아아, 너도 가고, 나도 가야지."는 그 뜻이 成佛하자는 다짐이라도 하는 것일까요?

離別歌

雁飛鳴昊九萬里　　기러기 울어예는 하늘 구만리

朔風冷寒晚秋深　　바람이 싸늘 불어 가을은 깊었네

嗚呼爾去余亦歸　　아아 너도 가고 나도 가야지

如明畫盡暗夜來　　한낮이 끝나면 밤이 오듯이

吾等愛戀已斜沈　　우리의 사랑도 저물었네

嗚呼爾去余亦歸　　아아 너도 가고 나도 가야지

山村積雪某日夜　　산촌에 눈이 쌓인 어느 날 밤에

燈燭光輝獨淚淋　　촛불을 밝혀 두고 홀로 울리라

嗚呼爾去余亦歸　　아아 너도 가고 나도 가야지

4

金素月의 「진달래꽃」

어느 분이 저에게 물었습니다.

"우리나라에 名詩가 많이 있는데, 왜 노래로 編曲된 歌曲의 詩를 選擇하여 漢譯을 하십니까?"

저는 이 물음에 저의 弱點을 꼬집힌 것 같아서 한참 얼굴을 붉히고 對答을 드리지 못했습니다. 그러나 계속 沈黙을 지킬 수만은 없어서 解明을 하기로 합니다.

첫째는 저의 能力이 그 程度이기 때문입니다.

둘째는 歌曲으로 불려지는 노랫말, 곧 原詩가 漢詩의 構造에 잘 對應하기 때문입니다.

이 두 번째 事項을 조금 자세히 말씀드리기로 합니다. 漢詩는 四言도 있고 六言도 있습니다만, 오늘날 定型으로 流行하는 것은 五言과 七言입니다. 그것이 四行으로 끝나면 絶句가 되고, 八行으로 끝나면 律詩가 됩니다. 저는 주로 七言律詩를 좋아합니다.

그런데 우리나라 歌曲의 노랫말로 선택된 抒情詩들은 그 詩의 構成이 漢詩의 七言律詩에 아주 가깝습니다. 따라서 飜譯 作業을 하기가 대단히 수월한 것입니다.

이것이 제가 歌曲의 原詩를 漢譯하는 이유입니다.

그러면 뒤미쳐 이런 質問을 하실 수도 있습니다.

"그렇지만, 아무리 飜譯이 容易하다 하여도 우리 固有語의 그 맛깔스러움과 아련함을 漢字로 바꾸는 데는 限界가 있지 않겠습니까?"

저는 이 문제도 기꺼이 대답해 드리고자 합니다.

첫째, 飜譯은 反逆이라는 通念이 참으로 眞實이라는 점입니다.

둘째, 그럼에도 불구하고, 人類 文化는 그 反逆 作業을 통하여 서로 다른 文化와 社會 사이에 思想과 感情을 疏通하여 왔고, 그 叛逆 作業을 통하여 人類 普遍의 文化 通攝이 진행되었습니다.

이 두 번째 대답을 實際 飜譯의 例를 가지고 조금 더 설명해 보고자 합니다.

　가령 金素月(김소월)의 「진달래꽃」을 번역할 때 어떤 隘路(애로)가 있는가, 그리고 그것을 극복하기 위하여 얼마나 苦悶(고민)해야 하는가? 이런 것을 생각하고 檢討(검토)해 보면 얼마쯤 解答(해답)을 얻을 것 같습니다.

　우선 原詩(원시)를 한번 읽어보기로 합시다.

　노래로 불리어지는 노랫말 詩(시)에서 重複(중복)되는 부분을 빼면 다음과 같습니다.

　　나 보기가 역겨워 가실 때에는
　　말없이 고이 보내 드리우리다

　　영변에 약산 진달래꽃
　　아름 따다 가실 길에 뿌리오리다

　　가시는 걸음걸음 놓인 그 꽃을
　　사뿐히 즈려밟고 가시옵소서

　　나 보기가 역겨워 가실 때에는
　　죽어도 아니 눈물 흘리우리다

이 詩는 공교롭게도 7·5調 가락으로 여덟 줄이니 七言律詩로 바꾸기에 아주 적절합니다. 그러나 우리말의 감칠맛이 오롯이 배어 있는 '고이', '사뿐히 즈려밟고' 같은 말은 도저히 再生不能이지요.

물론 그것만이 문제가 아닙니다. 그렇지만 漢詩로의 變換을 통하여 또 새로운 맛이 스며들 것이라는 기대도 없지는 않습니다.

몇 가지 고민거리가 있었지만 漢詩의 맛을 살린 것으로는 韻으로 行, 崢, 更이 쓰인 점입니다. "아름따다 가실 길에 뿌리오리다"에서 '가실 길'이 '歸路崢'이 되었습니다. 지금 돌아가는 길이 분명코 산길일 듯, 그래서 '산길 쟁(崢)'字가 들어갔습니다. 그리고 "죽어도 아니 눈물 흘리우리다"에서 '죽어도'가 '비록 다시 죽더라도'의 뜻으로 '雖死更'이 되었습니다.

모르겠습니다, 素月이 還生하여 이 詩를 읽으면 무어라 할지요.

"그럴듯하네요. 그런데 중국 사람들이 읽고도 좋아할까요?"

이 詩, 이 노래를 저는 다음과 같이 옮겼습니다.

진달래꽃

如嫌見吾回去時	나 보기가 역겨워 가실 때에는
潛默淨然敎汝行	말없이 고이 보내 드리우리다
寧邊藥山杜鵑花	영변에 약산 진달래꽃
摘朶撒英歸路崢	아름 따다 가실 길에 뿌리오리다
還道步步定置華	가시는 걸음걸음 놓인 그 꽃을
擬踏輕颷願快行	사뿐히 즈려밟고 가시옵소서
如嫌見吾回去時	나 보기가 역겨워 가실 때에는
必須不淚雖死更	죽어도 아니 눈물 흘리우리다

5
金聖泰의「한 송이 흰 백합화」

歌曲의 노랫말은 같은 句節이 反復되는 경우가 많습니다. 같은 말을 反復하는 것이 노래의 特性이기 때문입니다. 이처럼 同一한 句節이 反復되는 노랫말을 飜譯할 경우에 그 번역된 글에서도 原文과 똑같이 表現을 反復해야 알까요? 勿論 그렇게 알 수 있습니다.

그러나 漢詩의 경우는 可能한 한, 同意異字나 類似意味의 다른 글자를 活用하여 鑑賞의 幅을 넓히는 수가 있습니다. 다음의 歌曲을 가지고 생각해 보기로 하겠습니다.

Ⅰ   1. 가시밭에 한 송이 흰 백합화
     2. 고요히 머리 숙여 홀로 피었네
     3. 인적이 끊어진 깊은 산속에
     4. 고요히 머리 숙여 홀로 피었네
     5. 어여뻐라 순결한 흰 백합화야
     6. 그윽한 네 향기 영원하리라

Ⅱ   7. 가시밭에 한송이 흰 백합화
     8. 부끄러 조용히 고개 숙였네
     9. 가시에 찔릴까 두려함인가
     10. 고개를 숙인 양 귀엽구나
     11. 어여뻐라 순결한 흰 백합화야
     12. 그윽한 네 향기 영원하리라

六行씩의 1節 2節은 後斂句(5, 6과 11, 12)가 同一하고 노래가 시작되는 첫 行 1과 7이 같습니다. 그리고 1節에서는 2와 4가 同一합니다. 전체의 노래에서 1과 7, 2와 4, 5와 11, 6과 12 모두 8行 4組의 同一句를 가지고 있습니다.

이들 8行은 飜譯者의 趣向과 意圖에 따라, 모두 다른 글자를 選擇할 수도 있고, 같은 글자를 活用할 수도 있습니다.

다음의 飜譯은 되도록 다르게 表現한 경우입니다.

Ⅰ 一朶百合荊葳中　　가시밭에 한 송이 흰 백합화
　　肅然叩頭發英孤　　고요히 머리 숙여 홀로 피었네
　　人跡杜絶深山峽　　인적이 끊어진 깊은 산속에
　　靜寂拜樣獨艶笑　　고요히 머리 숙여 홀로 피었네
　　美麗純潔素百合　　어여뻐라 순결한 흰 백합화야
　　邃奧芳香無窮遙　　그윽한 네 향기 영원하리라

Ⅱ 茂戟一把潔百合　　가시밭에 한송이 흰 백합화
　　還愧從容遜傾頸　　부끄러 조용히 고개 숙였네
　　疑懼被刺恭順貌　　가시에 찔릴까 두려함인가
　　無比妙姸斜項景　　고개를 숙인 양 귀엽구나
　　姚艶皓皎素百合　　어여뻐라 순결한 흰 백합화야
　　幽玄薰芳永遠經　　그윽한 네 향기 영원하리라

위와 같이 飜譯에 正確性을 賦與하기 위하여 몇 마디 덧붙입니다. 漢詩의 核心 要諦는 平仄과 押韻입니다. 1節에서는 2行, 4行에 '孤', '笑'를 韻字로 하였으므로 後斂에서도 거기에 맞추어 '遙'字가 쓰였습니다.

2節에서는 '頸', '景'에 맞춘 '經'字를 쓰게 되었습니다. 平仄은 크게 考慮하지 않았습니다. 우리말의 抑揚과 高低長短에 맞으면 平仄이 약간 어그러져도 無妨할 것이기 때문입니다. 어차피 이 飜譯은 古典을 본받는 漢詩가 아니라 현대 韓國 漢詩이어야 하기 때문입니다. 다르게 飜譯된 句節을 摘示해 보겠습니다.

一朶百合荊葳中　　가시밭에 한 송이 흰 백합화
茂戟一把潔百合

肅然叩頭發英孤　　고요히 머리 숙여 홀로 피었네
靜寂拜樣獨艶笑

美麗純潔素百合　　어여뻐라 순결한 흰 백합화야
姚艶皓皎素百合

邃奧芳香無窮遙　　그윽한 네 향기 영원하리라
幽玄薰芳永遠經

6
李永道의 「구름」

I

  한참 가물어 논이고 밭이고 쩍쩍 갈라진다는 초여름 오후. 이 시절이면 우리 나라는 으레 한바탕 '찔레꽃 가뭄'이라는 旱^한魃^발을 맞습니다. 이때는 또 보릿고개와 겹쳐져서 마을 안에 밥 굶는 집이 한두 집쯤 생기곤 했었지요. 비를 기다리다가 엉뚱한 옛날 생각을 했습니다. 고개를 들어 하늘을 바라봅니다. 지금쯤 비를 몰고 오는 구름 한 조각이라도 보이는가 싶어서였습니다. 그러다가 문득 구름을 소재로 한 노래를 생각하였습니다. 구름을 노래하면 시원

한 빗줄기가 이 가뭄을 풀어주지 않을까? 그런 希望(희망)을 가지고요.

   이영도 작사, 금수현 작곡의 「구름」입니다. 그런데 노래를 부르려다 말고 잠시 '구름'이란 낱말을 세상 사람들이 어떻게 생각했나 궁금증이 났습니다. 참으로 널뛰듯 左衝右突(좌충우돌)하는 聯想(연상)이지요?

Ⅱ

   첫 번째 생각 : 그것은 四季(사계)를 노래한 五言絶句(오언절구)였습니다.

春水滿四澤(춘수만사택)
夏雲多奇峰(하운다기봉)
秋月揚明輝(추월양명휘)
冬嶺秀孤松(동령수고송)

   그렇습니다. 여름 구름은 千變萬化(천변만화)의 파노라마, 그것을 多奇峰(다기봉) 한 마디로 압축했군요. 그러나 지금 이 시절 하늘은 개었건만 微細(미세)먼지가 나쁨 水準(수준)이라 軟灰色(연회색)으로 뿌옇게 물든 하늘을 바라보는 우리 마음은 정말 때가 낀 듯 개운치 않군요.

두 번째 생각 : '구름'이 들어 있는 俗談(속담)을 찾아보았습니다. 그리고 그 比喩(비유)의 意味(의미)를 간단히 壓縮(압축)해 보았습니다.

- 검은 구름에 白鷺(백로) 지나가기(不知踪迹(부지종적))
- 구름 갈 제 비가 간다(雲去雨從(운거우종))
- 구름장에 置簿(치부)했다(爲忘記錄(위망기록))
- 靑天(청천)에 구름 모이듯(聚雲集合(취운집합))
- 바람결에 불려왔나, 떼구름에 싸여왔나(忽然歸還(홀연귀환))
- 어느 구름에 비가 올지(事之未形 未來不測(사지미형 미래불측))
- 용 가는데 구름 간다(兩者同行(양자동행))

이렇게 모아 놓고 보니 우리 祖上(조상)들은 '구름'에서 '가다(오다), 모이다'의 動作相(동작상)과 그 흐름의 不確實性(불확실성), 즉 '알 수 없음'의 이미지를 만든 것 같습니다.

'구름'이 우리 人間事(인간사)에 고작 그 정도의 思惟根據(사유근거)가 되었다니 조금 허전하기도 하네요.

뭐 俗談(속담)을 찾아보지 않아도, '구름같이 모이다 / 사라지다'나 '구름 잡듯'이란 語句(어구)에서도 離合集散(이합집산)이나 執而無實 行而無果(집이무실 행이무과) 같은 概念을 얻을 수 있으니 俗談 調査는 別無所得인 듯도 싶군요.

세 번째 생각 : 조금 허전한 心境으로 다른 나라의 俗談을 찾아 보았습니다.

- 구름을 표시로(雲を印)
- 구름에 놓은 다리(雲に かける 橋)

구름에 표시를 해 놓았자 언제 사라질지 모르니 믿을 수 없는 것이요. 구름에 다리를 놓아 보았자 成事되지 않으니 실현 불가능의 소망이라는 뜻을 갖습니다. 不可信, 不可望을 이해한다는 점에서 虛構性을 말하는 것이 우리 나라 俗談보다는 한 걸음 더 나아간 듯합니다.

그런데 英語·佛語 俗談을 보면 전혀 次元이 다른 方向으로 내달립니다.

- Every cloud has a silver lining.
  (모든 구름은 銀을 안감으로 하고 있다)

이건 참 놀랍습니다. 아무리 나쁜 일에도 좋은 面이 있음을 逆說하는 樂天主義입니다. 저 흔한 말, 苦盡甘來를 이처럼 구름을 素材로 하여 이야기하다니요.

> ▶ Il n'est pas point de bonheur sans nuages.
> (구름 없는 幸福은 없다)

어려움이 따르지 않는 성공이 있겠느냐는 말입니다. 意味上으로는 英語 俗談과 軌를 같이하지만 훨씬 더 直接的입니다. 마치 基督敎의 先苦痛 後榮光을 말하는 예수님 스토리의 縮小版 같습니다. 하기야 찻잔 위에 한 방울 따라 붓는 우유를 프랑스 사람들은 '뉘아즈(구름)'라고 하는 멋쟁이들이니까요. 프랑스 말을 공부하면서 그 魅力에 들떴던 大學生 시절이 떠오릅니다.

네 번째 생각 : 그리스도敎 聖經에는 '구름'이 어떻게 描寫되었는지 궁금했습니다. 영어와 프랑스어에서 구름의 이미지가 肯定的 思考의 端緖가 되고 있으니 틀림없이 聖經에도 무언가 다른 이야기가 있을 것만 같았습니다. 내친 김에 더 나아가 보자는

심정이지요.

> - 내가 구름 사이에 무지개를 둘 것이니 이것이 나와 땅 사이에 세우는 계약의 표징이 될 것이다(創世記 9,13).
> - 주님께서는…낮에는 구름기둥 속에서 길을 인도하시고 밤에는 불기둥 속에서 그들을 비추셨다(脫出記 13,21).
> - 하늘아, 위에서 이슬을 내려라. 구름아, 의로움을 뿌려라. 땅은 열려 구원이 피어나게, 의로움도 싹트게 하여라. 나 주님이 이것을 창조하였다(이사야서 45,8).
> - 보십시오, 그분께서 구름을 타고 오십니다. 모든 눈이 그분을 볼 것입니다. 그분을 찌른 자들도 볼 것이요, 땅의 모든 민족들이 그분 때문에 가슴을 칠 것입니다(요한묵시록 1,7).

이게 웬일입니까? 영어·프랑스어 속담에서는 '구름' 그 자체는 틀림없는 苦痛과 不幸의 이미지였는데 聖經에서는 희망의 傳令使가 되어 있습니다.
創世記에서는 구름이 契約의 守門將이요, 脫出記에서는 구름이 活路의 引導者입니다. 이사야서에서는 구름이 正義의 化身이요, 요한黙示錄에서는 그리스도 再臨時에 救世主를 모시고 오는

御駕(어가)입니다. 참 놀랍지 않습니까?

그런데 가만히 생각해 보니 이것은 너무나 當然(당연)한 結果(결과)입니다. 하늘나라와 이 세상을 연결시켜 주는 中間媒體(중간매체)가 '구름'이니 聖經(성경)에서 '구름'을 그 中間者(중간자)로 보는 것이야 당연한 것이었겠지요.

다섯 번째 생각 : 李永道(이영도) 詩人(시인)의 '구름'을 노래하려다가 곁길로 한참 빠졌습니다. 本論(본론)으로 돌아오기 위하여 한 번만 더 곁눈질을 해보고자 합니다. 李永道(이영도)의 '구름'이 時調(시조)로 되어 있으니, 우리나라 古時調(고시조)에서 '구름'은 어떤 形式(형식)으로 등장하는가 궁금했습니다. 대뜸 한 首(수)가 떠올랐습니다.

嚴冬(엄동)에 뵈옷 입고 巖穴(암혈)에 눈비 맞아

구름 씬 볏뉘를 띈 적이 업건마는

西山(서산)에 히지다 ᄒ니 눈물겨워 ᄒ노라

이 時調(시조)는 한두 개의 異說(이설)이 있으나 16世紀(세기) 中葉(중엽) 敬과 義를 核心(핵심) 德目(덕목)으로 한平生(평생) 벼슬살이 한 번 하지 않고, 退溪(퇴계) 李滉(이황)과

雙璧을 이루었던 實踐儒學者 南冥 曺植의 作品으로 알려져 있습니다.

南冥 44歲 때에 中宗의 崩御 消息을 듣고 哀悼의 心境으로 읊은 노래라 傳해 옵니다. 그러니까 '구름 낀 볏뉘'는 '어려움이 많았던 임금님 세상'을 표현한 것이라고 해석됩니다. 결국 '구름'은 근심거리 妨害要素로 描寫되었습니다.

하늘과 땅을 연결하는 中間者, 비를 뿌려 豊年을 約束하는 繁榮의 要諦라는 생각은 우리 先祖들에게 정녕 없었던 걸까요? 하나의 自然現象이나 事物을 보고 깊이 있는 생각을 하는 風土는 時調文學에서 發見되지 않습니다.

그러나 金萬重의 국문소설 『九雲夢』에서는 구름이 아름다운 善男善女의 化身으로 登場힙니다. 그리고 그 구름들(一男八女)이 幻想的인 로맨스를 演出하면서 一場春夢의 富貴榮華를 보여 주었으니 우리 先祖들의 '구름'觀이 그렇게 索莫하기만 한 것은 아니었다고 慰勞해 볼까요?

Ⅲ

　우리의 이야기가 왜 이렇게 곁길로만 흘러갑니까? 李永道 詩人의 「구름」에는 어떤 思念이 엉겨 있는지 이제 그 本論으로 들어가 봅니다. 이 詩는 모두 4聯으로 되어 있습니다.

　　　정녕 輪回 있어 받아야 할 몸이라면
　　　아예 목숨일랑 허공에 앗아지고
　　　한 오리 연기로 올라 구름이나 되려오

　　　무수한 해와 달을 품 안에 안고 보니
　　　森羅萬象을 발아래 굽어보고
　　　유유히 산악을 넘는 구름이나 되려오

　　　저녁놀 비껴 뜨면 꽃구름이 되었다가
　　　때로는 한 하늘 먹장으로 덮어도 보고
　　　아침 해 솟는 빛 앞에 몸을 맡겨 타려오

　　　아득한 소망대로 이루어질 양이면
　　　인간을 멀리하여 무량한 하늘가로
　　　닻 없이 떠서 오가는 구름이나 되려오

이 詩人은 죽어서 구름으로 還生하여 自由로이 流浪하겠다는 所望을 4聯에 걸쳐 이야기 합니다. 出世間의 意志가 있기는 하나 人間世上에 대한 愛情도 憐憫도 그렇다고 憎惡도 보이지 않습니다. 그렇다면 이 「구름」은 작가 自身에게 그리고 우리들 讀者에게 무엇을 말하고 있는 것인지요. 그 結論은 잠시 留保해 두기로 합니다. 우리의 目的은 이 詩를 漢譯하는 것임을 깜빡했네요.

다음은 漢譯입니다.

時調形態를 그대로 維持하였습니다. 따라서 中章 끝 글자를 韻으로 삼아 空 望 洞 雰을 取하였습니다. 浮雲 片雲 華雲 尺雲의 네 가지 구름을 만들었구요. 終章 끝에 雲이 統一되면 좋은데 第3聯에서 原詩대로 하고 보니 어길 수밖에 없었습니다. 그 第3聯의 '成華雲'과 '依燃燒'를 바꿔치기 하면 어떨까 생각해 보았습니다. 그래도 말이 되는지요? 原詩와 달라지기는 하지만.

구름

叮嚀輪回應受身	정녕 輪回 있어 받아야 할 몸이라면
期必壽命授於空	아예 목숨일랑 허공에 앗아지고
一陣登煙化浮雲	한 오리 연기로 올라 구름이나 되려오
無數日月抱胸襟	무수한 해와 달을 품 안에 안고 보니
森羅萬象足下望	森羅萬象을 발아래 굽어보고
悠悠越嶽爲片雲	유유히 산악을 넘는 구름이나 되려오
夕霞斜陽成華雲	저녁놀 비껴 뜨면 꽃구름이 되었다가
時遇暫覆墨場洞	때로는 한 하늘 먹장으로 덮어도 보고
聳出旦光依燃燒	아침 해 솟는 빛 앞에 몸을 맡겨 타려오
杳遠所欲若達成	아득한 소망대로 이루어질 양이면
脫避人間際天雰	인간을 멀리하여 무량한 하늘가로
無由漂流願尺雲	닻 없이 떠서 오가는 구름이나 되려오

7

韓明熙의「碑木」

    한평생 살아가면서 마음이 가장 거룩하고 敬虔했던 적이 언제일까요? 그런 때가 한두 번도 아니고 꽤 여러 번 人生의 고비마다 體驗했던 그 崇高한 마음, 그것은 제 經驗으로라면 죽음과의 對面이었다고 말씀드리겠습니다.

    그 첫 번째는 열 살도 되기 전에 부닥친 아버지와의 死別입니다. 사실 그때는 아버지의 돌아가심이 내 生涯에 무슨 意味가 있는 것인지 살펴볼 수 있는 나이는 아니었습니다. 痛哭하시는 어머니의 울음소리, 거기에서 傳染되는 서글픔, 그리고 그 시절 내 개구쟁이 실수에 언제나 無條件의 擁護와 辨明으로 나를 감싸 주셨던 울타리가 사라졌다는 사실을 實感하면서 掩襲해 오던 孤獨感. 그 거룩함은 처음 만난 어른으로부터 "아버지는 무어 하시냐?"고 질문을 받을 때에 변질이 되었습니다. "돌아가셨어요."라고 말씀드리기가 죽기보다 싫다는 一種의 抵抗과 憤怒 같은 것이었습니다.

거룩함이 鬪志 같은 것으로 바뀐다고 하는 사실을 그때 經驗하였습니다. 한 분 죽음 앞에서 그 죽음을 딛고 일어서려는 意志 또는 決意에 연결된다는 것을, 물론 그 어린 시절에는 미처 깨닫지 못했습니다.

그렇습니다. 죽음은 살아 있는 사람이 남은 生涯의 方向을 探索하는 燈臺 같은 것입니다.

두 번째로 죽음과 대면한 것은 어머니가 돌아가셨을 때입니다. 내 나이 쉰 셋. 어머니는 여든 둘이셨습니다. 나이 오십이 넘도록 죽음을 모르고 살았을까요? 물론 그렇지 않습니다. 軍 服務 시절에 함께 근무하던 친구가 事故死하는 것도 겪었고, 세상 뜨시는 집안 親戚도 여러 분 지켜보았습니다. 그러나 그 어떠한 죽음도 어머니와 死別했을 때의 悲痛과 哀切을 따르지 못했습니다.

그런데 어머니를 잃은 그 슬픔은 깊이 悔恨(회한)으로 이어지고 즉시 나 自身(자신)이 不孝(불효)였다는 自責感(자책감)으로 바뀌는 것이었습니다. 살아 生前(생전) 모시고 지내는 동안 無難(무난)했던, 或(혹)은 자랑스럽고 滿足(만족)했던, 그러니까 要(요)컨대 幸福(행복)했다고 할 事件(사건)이나 事例(사례)들은 하나도 記憶(기억)되지 않고 어머니가 靑孀(청상)으로 고생하셨던 것, 그리고 내가 無情(무정)하고 不恭(불공)했던 것, 失手(실수)했던 것, 마음 아프게 해 드렸던 것만 새록새록 記憶(기억)되면서 "내가 참으로 不孝(불효)했구나!" 하는 自愧心(자괴심)으로 몸 둘 바를 몰랐습니다. 後悔(후회)한다는 것의 참 의미를 그때처럼 깊이 깨달았던 적이 없었습니다.

죽음 앞에서 철저히 自己(자기) 反省(반성)의 契機(계기)가 생긴 것이지요. 죽음은, 죽음과의 對面(대면)은 그렇게 悔恨(회한)과 自省(자성)의 거울이 된다는 것을 그때에 배웠습니다. 나이 50을 님긴 그 壯年(장년)의 나이에 밀입니다.

세 번째 고비의 큰 經驗(경험), 그것은 내 아우의 죽음입니다. 여섯 살 아래의 동생이었습니다. 어느 兄弟間(형제간)인들 多情(다정)하고 友愛(우애)가 깊지 않겠습니까? 하지만 나와 내 아우와의 관계는 어느 누구보다도 恪別(각별)했습니다. 1980년 초봄부터 그가 세상을 떠난 2004년 10월까지 滿(만) 25年間(년간) 내 아우와 나는 같은 職場(직장)의 同僚(동료)요 친구였습니다. 그는 哲學科에서 佛教哲學을 擔當한 교수였고, 나는 國文科이어서 科는 다르지만 같은 大學이었습니다. 2, 3일에 한 번씩은 함께 점심을 했고 몇 개의 콜로퀴엄은 함께 참여했습니다. 누가 兄弟 아니라고 할까 봐 그렇게 붙어 다니느냐고 주위의 친구들이 핀잔 아닌 핀잔을 주곤 했습니다.

그러던 그가 예순 둘의 나이에 停年을 두어 해 앞두고 세상을 뜬 것입니다. 공교롭게도 그가 入院했던 病院, 그 3層 윗방에서 나는 甲狀腺 切除手術을 받고 막 病室로 돌아온 時刻, 그는 세상을 下直하였습니다. 그래서 나는 그의 臨終도 葬禮도 參詣하지 못했습니다. 이런 기막힌 일이 어디에 있겠습니까? 그의 葬禮에 參席한 弔問客이 내 病室에 弔問 겸 病問安을 오는 기막힌 장면이 演出되었습니다.

이렇게 나는 내 아우를 보냈습니다.

이 죽음을 통하여 나는 死別의 哀痛이 무엇인가를 뼛속 깊이 體驗하였습니다. 退院하여 집으로 돌아오면서 車窓 밖으로 시월 말의 가을 하늘을 보았습니다. 참으로 淸淨한 하늘이었습니다. 그런데 웬일이지요. 그 하늘이 그렇게 낯설어 보일 수가 없었습니다. 높고 푸른 것이 아니라 그냥 휑하게 뚫린 빈 空間이었습니다.

그 빈 空間은 하늘뿐이 아니었습니다. 내 가슴이 그렇게 뚫려 있는 것이었습니다.

아우와 함께 했던 삶의 斷片들이 한꺼번에 뒤범벅이 되어 정신을 가눌 수가 없었습니다. 온몸을 감싸고 도는 외로움, 허전함, 아쉬움, 그리고 쓰라림까지 도무지 종잡을 수 없는 그리움이 전신에 퍼져 흘렀습니다. 이러한 感情은 부모님이 돌아가셨을 때에는 전혀 느끼지 못한 감정이었습니다.

코흘리개 어린 시절부터 환갑을 넘긴 노년에 이르기까지 내 아우는 나를 "성[兄]"이라 불렀습니다. 가끔 남이 있으면 "성님"이라고 指稱하고요. 그 "성"소리가 귓가에서 떠나지 않는 것입니다. 길을 걸으면 발걸음을 헛디뎌 쓰러질 듯 뒤뚱거렸습니다. 이런 현상이 얼마나 갔을까요.

歲月이 藥이라고 2, 3년 지나고 나니 그의 무덤에 가서도 "이 사람! 내가 왔네. 내 발소리 들었나?" 이렇게 修人事하고 그리움을 새겼습니다. 그럴 때마다 그 思慕의 情이 가슴속에 아지랑이처럼 퍼졌습니다.

그러니까 나는 家族 세 사람과의 死別을 통하여 각각 한 가지씩의 마음가짐을 經驗하였습니다. 아버지 때에는 未來를 設計하는 決意, 어머니 때는 過去를 反省하는 悔恨, 아우 때에는 現在를 反芻하는 思慕. 이 세 가지 情念이 죽음을 對面하는 거룩함과 敬虔함의 實體요 構成要素가 아닌가 싶습니다. 말하자면 죽음과의 對面은 저 세 가지 情念, 즉 決意와 悔恨과 思慕의 범벅인 셈이지요. 적어도 나의 경험은 그렇습니다.

자! 이 범벅의 느낌을 韓明熙 선생은 「碑木」 앞에서 다음과 같이 노래하였습니다. 6·25 激戰地의 어느 골짜기에서 읊은 것입니다.

硝煙掃去壑陽地	초연이 쓸고 간 깊은 계곡 양지 녘에
風雨歲月無名碑	비바람 긴 세월로 이름 모를 碑木이여
遐鄕童友懷天邊	먼 고향 樵童 친구 두고 온 하늘가
思慕每節結苔位	그리워 마디마디 이끼 되어 맺혔네
麝鹿山鳴月色夜	궁노루 산울림 달빛 타고 흐르는 밤
孤立寂寞泣木碑	홀로 선 적막감에 울어 지친 비목이여
邇昔天眞追憶憐	그 옛날 천진스런 추억은 애달퍼
衆粒悲痛積石聚	서러움 알알이 돌이 되어 쌓였네

이 노래는 韓(한) 선생이 어디에서 지었을까 나는 늘 궁금하였습니다. 그러다가 우연히 韓(한) 선생이 碑木(비목)의 故鄕(고향)을 노래한 듯한 다음의 노래 가사를 발견하였습니다. "금성천 갈대밭에 노을이 타면"으로 시작되는 詩(시)입니다. 아직 이 詩(시)를 作曲(작곡)했다는 사실은 알려지지 않았으나 앞의 노래와 짝이 되니 함께 읊고 漢譯(한역)을 해 보기로 하였습니다.

金星川蘆原夕霞	금성천 갈대밭에 노을이 타면
江流含戀塞咽喉	강물도 그리움에 목이 메인 듯
休戰苦緣爲凝血	휴전선 아픈 사연 피멍이 되어
千里彎曲行泣淚	천리 길 구비마다 흐느껴 예누나
白巖星中草蟲鳴	백암산 별빛 속에 풀벌레 울면
散華魂結無痕歲	산화한 님과 엮던 덧없는 세월
木蓮素服不忍忘	소복한 산 목련은 차마 못 잊어
銀河片舟進舵拽	은하수 쪽배 타고 노저어 예누나.

나는 금년이 가기 전에 韓 先生을 모시고 白巖山 金星川을 꼭 한번 찾아가고 싶습니다. 韓 先生은 죽은 내 아우와 敦篤한 親分이 있었습니다. 碑木의 터를 찾아가면서 내 아우와의 追憶談이나 실컷 하고 싶어서입니다.

8
金亨俊의「鳳仙花」

| 鳳仙花 | 봉숭아 |

籬下鳳仙花　울밑에선 봉숭아야

汝貌甚凄凉　네 모양이 처량하다

長夏美麗開　길고 긴 날 여름철에 아름답게 꽃 필 적에

少女迎遊享　어여쁘신 아가씨들 너를 반겨 놀았도다

於焉夏去遠　어언간에 여름 가고

秋風吹蕭瑟　가을바람 솔솔 불어

艶朶强侵擄　아름다운 꽃송이를 모질게도 침노하니

衰落汝態聖　落花로다 늙어졌다 네 모습이 처량하다

北風寒雪來　北風寒雪 찬바람에

汝形已霧散　네 형체가 없어져도

魂夢世平此　평화로운 꿈을 꾸는 너의 혼은 예 있으니

和暢春生還　화창스런 봄바람이 還生키를 바라노라

우선 題目입니다. 漢字로 鳳仙花요, 우리말로 봉숭아인데 어느 것이 원래의 이름일까 궁금했습니다. 辭典을 찾아보니 鳳仙花科의 식물이라고 밝히는 것으로 보아 漢字 이름에 優先權이 주어집니다. 지금의 노랫말은 모두 "울밑에 선 봉숭아야"로 시작되지만 한때는 노래 가사가 "울밑에선 봉선화야"였습니다. 하기야 우리말로 굳은 '봉숭아'가 더 情感이 넘치는 낱말이지요.

却說하고, 이 노래가 時調風이니 三行으로 翻譯이 되겠으나 이번에는 웬일인지 四行의 五言으로 바꾸고 싶었습니다. 그래서 "울밑에선 봉숭아야"를 '籬下鳳仙花'로 즉시 바꾸고 보니 "네 모양이 처량하다"는 '汝貌凄凉'에 '甚' 자 하나를 가운데 넣으니까 그대로 둘째 行이 完成되었습니다. 初章을 二行으로 만들고 보니 中章과 終章은 부득이 一行씩으로 표현해야 되겠지요?

"길고 긴 날 여름철에"는 '長夏' 두 글자로 처리하고, "아름답게 꽃 필적에"는 '美麗開'의 석 자로 가능할 것 같았습니다. "어여쁘신 아가씨들"은 '어여쁘신'을 싹둑 자르고 '아가씨'만 '少女'로 내세웠습니다. "너를 반겨 놀았도다"도 "맞이하여 놀이를 즐기다"로 改作(?)을 감행하여 '迎遊享'이라 붙였습니다. '享(누리다, 즐기다)'을 택한 것은 둘째 行의 '凉' 字와 韻을 맞추기 위해 찾은 글자입니다. 이렇게 하고 보니 그럭저럭 第一聯의 五言絶句가 완성되었군요.

이제 第二聯입니다. 앞에서 初章을 二行으로 하였으니 그것과 짝을 맞추어야 되겠다 생각하니, "어언간에 여름가고"는 그대로 '於焉夏去遠'이라 할 수 있었고 "가을바람 솔솔불어"도 '秋風吹蕭瑟'로 바꿀 수 있었습니다. '솔솔'을 '蕭瑟'로 바꾼 것은 사실 좀 문제가 있습니다. '솔솔'은 '颯爽'의 이미지가 더 강한 것이지만 '蕭瑟'이 '솔솔'과 類似한 音이라 그것을 택했습니다. 가을바람은 쓸쓸한 이미지가 더 문제되지 않는가 싶어서였습니다.

中章의 "아름다운 꽃송이를"에 '艶朶'를 대응시키고, "침노하니"를 그대로 '侵擄'로 쓰고 보니 "모질게도"는 '모질 악(惡)'자가 연상되었으나 '염타악침노'보다는 '염타강침노'가 나을 듯싶어 '强'자로 바꾼 것입니다.

終章의 "落花로다 늙어졌다"를 그 순서대로 '落老'라 하기엔 적당치 않아 '늙어졌다'를 '衰'로 풀이하고 '衰落'으로 하였습니다. "네 모양이 처량하다"에서 '汝態'를 '네 모양'으로 정하는 데에는 문제가 없는데 '처량하다'를 어떻게 할지 고민이 되었습니다. 이미 第二行의 韻字로 '瑟'이 定해졌으니 이 글자와 통하는 韻으로 무엇이 좋을까 고민이 되었습니다. 그런데 다행히 '聖(즐)'자가 눈에 들어오는 것이었습니다. 이것은 動作性의 글자로 '미워하다, 증오하다'의 뜻입니다. 이 뜻을 그대로 살리고 狀態性으로 바꾸어 해석하면 '밉다, 싫어지다'의 뜻으로 해석이 됩니다. 처량한 것은 可憐에 통하지만 그것이 밉상스러움으로 감정의 變化가 오는 것은 아닐까. 그래서 과감하게 僻字이긴 하지만 '聖'자를 택했습니다.

끝으로 第三聯입니다. 初章 첫 句 "北風寒雪 찬 바람에"는 '北風寒雪'을 그대로 놓고 보니 글자 하나만 문제되었습니다. '찬바람에'의 뜻을 살려 '冷'字를 놓고 보니 '寒'과의 同意性이 문제되어 '찬바람에'를 '몰려와서'라는 뜻으로 바꾸고 가볍게 '來'자를 붙였습니다. "네 형체가 없어져도"는 '汝形已霧散'으로 쉽게 바뀌어졌습니다. 初章을 二行으로 만드는데 별 문제가 없었습니다.

中章 "평화로운 꿈을 꾸는 너의 魂은 예 있으니" 이것을 어떻게 一行 五言으로 압축할 것인가 고민이 되었습니다. '꿈꾸는 혼'을 '魂夢'이라 하여 '魂이 꿈꾸다'의 뜻으로 고치고, '평화로움 예 있으니'의 뜻을 '세상 평화 여기에'로 풀이하여 '世平此'로 할 수

없을까? 한참 고민하다가 그렇게 結論을 내렸습니다.

마지막으로 終章이 남았습니다. "화창스런 봄바람에"를 '和暢春'으로 정하고 보니 "還生키를 바라노라"는 그 '還生'밖에 쓸 수 없는데 이미 二行의 韻字가 '散'이니까 자연스레 '還生'을 '生還'으로 바꾸면 絶妙하게 韻이 맞는 것이었습니다.

이 모두가 미리 豫定하지는 않고 글자 바꾸기를 하는 과정에 자연스럽게 完譯이 된 셈입니다. 이런 것이 다 漢字語와 우리말이 수천년 서로 어울려 쓰인 까닭에 이루어지는 현상이라 생각됩니다.

9

金東鳴의 「내 마음」

얼마 전 일입니다. 잘 나가던 집안 아이가 초췌한 얼굴로 나를 찾아 왔습니다. 마음고생이 무척 컸겠다는 짐작이 갔습니다. 修人事(수인사)도 하는 둥 마는 둥 대뜸 이렇게 입을 뗐습니다.

"마음이 하도 답답하여 지나던 길에 잠시 찾았습니다."

"그래? 나를 만나서 문제가 해결되리라는 期待(기대)를 하지는 않았을 테고…."

白面書生(백면서생)인 나를 解決士(해결사)로 알고 찾아온 것이 아닌 것을 確認(확인)이라도 하려는 듯, 나는 말 머리를 돌릴 셈으로 웃으며 이렇게 말한 것입니다.

"그럼요. 시간이 되시면 바둑이나 한판 두시죠."

그래서 우리는 오랜만에 바둑판을 마주하고 앉았습니다. 그리고 내 딴에는 위로가 될지 모르겠다는 마음(?)에서 '마음'이 무엇인가를 떠듬떠듬 이야기 하였습니다.

"내가 말야, 내 마음이 무엇인가 한번 살펴볼 요량으로 무슨 책부터 볼까 하고 있다가 갑자기 金東鳴(김동명) 作詞(작사), 金東振(김동진) 作曲(작곡)의 「내 마음」이란 노래가 생각나더라구."

그러자 그는

"제가 그 노래 정말 좋아해요." 그러더니 바둑판을 밀치고 淸雅(청아)한 목소리로 그 노래를 부르는 것이었습니다. 노래를 마친 그는,

"삼촌! 이 노래를 부르고 나니 마음이 한결 개운하네요."

이렇게 웃는 얼굴이 되는 것이었습니다.

"이 노래를 부르면서 뭐 느끼는 것 없었어?"

"있지요. 마음을 물, 불, 바람으로 規定(규정)하고 그리운 사람과의 因緣(인연)을 말하는 것이 아주 超越的(초월적)이지 않아요? 부서지겠다, 타오르겠다, 떠나가겠다 등의 끝장을 내겠다는 決意(결의)를 凄然(처연)하게 노래하는데 딱 하나, 3節(절)에서 밤을 새며 사랑하는 사람의 피리 소리를 듣겠다는 그 意志(의지)가 부서지고 타버리고 떠나가는 슬픔을 相殺(상쇄)시킨단 말예요. 저는 그게 좋아요."

이쯤 되면 나는 이 아이의 마음을 웬만큼 가라앉힌 셈이 되는 것이었습니다. 그래서 나는 本格的(본격적)으로 마음論(론)을 펴기로 하였습니다.

"나는 말야, 국어 선생이지 않아. 그러니까 무슨 공부든, 辭典(사전) 풀이부터 시작하는 버릇이 있어. 그래서 辭典(사전)에 마음을 어떻게 풀이 하였나 찾아보았다네."

그는 부지런히 사전을 펼쳤습니다. 그리고 큰 소리로 읽었습니다.

"사람의 몸에 깃들어서 지식·감정·의지 등의 정신 활동을 하는 것. 또는 그 바탕이 되는 것."

"정신 활동의 바탕이라, 그런데 사람의 몸에 깃들어 있다니, 그렇다면 그 마음이란 놈이 우리 몸에 둥지를 틀고 들어앉은 새(鳥(조)) 같은 것인가?"

내가 웃으며 反問(반문)하였습니다. 여기에서부터 우리들은 앞서거니 뒤서거니 '마음'의 實體(실체)를 찾아 說往說來(설왕설래)하게 되었습니다. 누구의 말이랄 것도 없이 우리가 주고받는 對話(대화)의 要旨(요지)는 다음과 같습니다.

첫째, 마음이란 놈이 우리 몸에 깃든 무엇, 예컨대 '새'(鳥類)와 같은 것이라면 사람의 숫자만큼 새의 숫자와 종류도 다양할 것이다. 어떤 놈은 참새처럼 작은 것일 터이고, 어떤 놈은 독수리나 鳳凰처럼 크고 현란할 수도 있겠다. 우리들의 마음은 어떤 새에 해당할까?

둘째, 마음이란 놈이 우리 몸에 깃든다고 하였으니 우리 몸의 어느 部位에 깃들까? 머리, 가슴, 배. 크게 이렇게 세 부분으로 나누어 보면 머리에 깃든 놈은 생각하는 마음일 것이고, 가슴에 깃든 놈은 기쁨·슬픔 따위를 느끼는 마음일 것이며, 배에 깃든 놈은 배짱 두둑하게 무엇인가를 뜻하는 마음일 것이다. 그렇다면 마음이란 놈은 思考하는 놈, 感動하는 놈, 意志를 지닌 놈, 이렇게 3兄弟라 하겠다.

셋째, 이 세상의 모든 宗敎는 모두 '마음'을 다스리는데 主眼點을 두고 있다. '마음을 내려놓아라', '마음을 비워라', '마음을 깨끗이 해라' 같은 말로 '마음'을 찾아다니면서 그 마음 旅行의 終着點을 聖人이니 賢者니 覺者니 하는 말로 整理한다.

넷째, 그렇다면 그 '마음'이란 놈의 實體를 어떻게 잡아 볼 수는 없을까? '생각'이니 '느낌'이니 '뜻'이 마음이란 것을 알기는 하겠는데 그 생각, 느낌, 뜻을 무엇인가 具體的인 形象으로 表現할 수는 없을까? 물론 孟子(맹자)님은 仁(인)(惻隱之心(측은지심))·義(의)(羞惡之心(수오지심))·禮(예)(辭讓之心(사양지심))·智(지)(是非之心(시비지심))를 각각 마음이 움직이는 方向(방향)에 따라 分別(분별)해 주셨고, 예수님도 山上垂訓(산상수훈)에서 眞福八端(진복팔단)을 說破(설파)하시면서 福(복)된 사람, 곧 '마음'의 主人(주인)이 된 사람을 여덟 部類(부류)로 分類(분류)하셨다.

우리는 여기까지 얘기하다가 金東鳴(김동명)의 노래 「내 마음」의 歌詞(가사)로 돌아왔습니다. 金東鳴(김동명)은 마음을 具體的(구체적)인 物象(물상)으로 바꾸어 놓았다는데 注目(주목)하지 않을 수 없었습니다. 그것은 湖水(호수), 촛불, 落葉(낙엽)이었습니다. 이는 흔히 天地自然(천지자연)의 基本(기본)으로 생각되는 물, 불, 바람입니다. 그리고 '나그네'는 결국 우리들이 外界事物(외계사물)을 聽覺(청각)으로 收斂(수렴)하는 '귀'를 나타냅니다. 그래서 우리들의 結論(결론)은, 우리는 最小限(최소한), 세상의 모든 소리를 끝까지 바로 듣는 아름다운 '귀'가 되자고 다짐하는 것이었습니다.

나를 찾아온 조카 녀석이 한마디 했습니다.

"오늘, 삼촌 찾아오길 잘했네요. 저는 세상의 피리 소리를 즐기는 저의 건강한 귀가 있다는 사실을 오늘 깨달았어요."

다음은 「내 마음」의 원문과 漢譯(한역)입니다.

我心是湖水	1. 내 마음은 호수요
請汝來揖舟	그대 노 저어 오오
擁抱其白影	나는 그대의 흰 그림자를 안고
玉碎於舷後	옥같이 그대의 뱃전에 부서지리라.
我心是燭火	2. 내 마음은 촛불이요
請汝閉彼門	그대 저 문을 닫아 주오
竦慄錦裳幅	나는 그대의 비단 옷자락에 떨며
燒盡無滴痕	고요히 최후에 한 방울도 남김없이 타오리다.
我心是過客	3. 내 마음은 나그네요
請汝吹簫管	그대 피리를 불어 주오
傾聽明月下	나는 달 아래 귀를 기울이며
待晨孤獨貫	호젓이 나의 밤을 새오리다.
我心是落葉	4. 내 마음은 낙엽이요
請留暫汝庭	잠깐 그대의 뜰에 머무르게 하오
面風收行裝	이제 바람이 불면 나는 또 나그네 같이
別離單懷情	외로이 그대를 떠나가리다.

10
金東煥의「南村」

巴人 金東煥(1901~?)은 咸鏡北道 鏡城 出身으로 日本에서 英文學을 공부하다 歸國하여 詩人으로, 文藝誌 發刊 등으로 活躍하다가 6·25때 拉北된 분이다.

당연히 그의 시는 庚戌國恥 以後에 우리 民族이 處한 鬱憤과 悔恨의 抒情을 드러내는 것이었다. 1925년에 펴낸 그의 첫 詩集『國境의 밤』은 日帝強占期에 민족의 현실을 깊이 있게 반영한 敍述的 敍事詩로 알려져 있다.

    아하, 무사히 건넜을까
    이 한밤에 남편은

두만강을 탈없이 건넜을까?

저리 국경 江岸(강안)을 경비하는
外套(외투) 쓴 검은 巡査(순사)가
왔다- 갔다-
오르명 내리명 분주히 하는데
발각도 안되고 무사히 건넜을까?

소금실이 密輸出(밀수출) 마차를 띄워 놓고
밤새 가며 속태우는 젊은 아낙네
물레 젓던 손도 맥이 풀려서
파! 하고 붙는 魚油(어유) 등잔만 바라본다.
北國(북국)의 겨울밤은 차차 깊어 가는데.

이렇게 시작된 이 詩(시)는 3部(부) 72節(절)로 이루어진 長篇(장편)이다. 하룻밤과 그 이튿날 낮까지의 시간이 現在(현재)의 時點(시점)이고, 그 사이에 주인공 아낙의 少女時節(소녀시절)이 回想(회상)의 形式(형식)으로 插入(삽입)되면서 豆滿江邊(두만강변)의 암담한 生活(생활)과 어린 時節(시절) 山谷(산곡) 마을의 追憶(추억)을 사이사이 끼워 넣은 이야기 體(체)의 詩(시)이다.

1925年(년) 그 詩節(시절), 우리 民族(민족)의 삶은 이 詩(시)처럼 어둡고 가슴 조이는 悽絶(처절)함 그것이었다. 또한 그 시절은 생활 터전을 잃은 백성들

이 男負女戴하여 살아갈 곳을 찾아 流浪하던 시절이었다. 豆滿江은 소금실이 密輸出 馬車만 往來하는 곳이 아니라 그 國境을 넘어 北間島로 살길을 찾아가는 悲嘆의 境界線이었다.

그래서일까? 巴人은 그 무렵 「南村」이란 詩 한 首를 발표하였다.

이 노래는 남녘땅을 그리워하는 북녘마을 사람의 哀歡을 담고 있다. 그렇다면 間島 땅을 일구며 鄕愁를 달래던 우리 民草들의 마음을 이야기한 것이라 할 수 있으리라. 그리고 이 노래는 지금 고통스럽게 살고 있는 北韓同胞들의 마음이라고 생각할 수는 없을까?

巴人은 6·25 때 拉北되어 生死不明인 채 沒年을 알 수 없는 분이 되었다. 그는 北으로 잡혀 가서 얼마나 많이 이 노래를 부르며 祖國과 家族, 親知들을 그리워했을까? 우리는 巴人을 哀悼하는 심정으로 이 노래를 불러야 할 것 같다.

1節과 2節을 獨立的인 노래로 생각하고 '坊芳'을 一節의 韻으로, '麗駕閭'를 二節의 韻으로 삼았다. '胡蝶'을 '虎蝶'으로 한 것은 '호랑나비'의 '호랑'을 강조하려는 뜻이었다. 「南村」의 노래

가사는 다음과 같다.

越嶺南村誰居住	1. 산 너머 南村에는 누가 살길래
每年春風由南坊	해마다 봄바람이 남으로 오네.
開花四月杜鵑香	아아 꽃피는 사월이면 진달래 향기
熟麥五月猍莽芳	밀 익는 오월이면 보리 내음새
無不載來必需品	어느 것 한 가진들 실어 안 오리
我喜南風由南坊	남촌서 남풍 불 제 나는 좋데나
越嶺南村誰居住	2. 산 너머 남촌에는 누가 살길래
彼天色光曷美麗	저 하늘 저 빛깔이 그리 고울까?
金莎廣野虎蝶群	아아 금잔디 넓은 벌엔 호랑나비 떼
楊柳細溪聲鴒鴛	버들 밭 실개천엔 종달새 노래
無不載來日用品	어느 것 한 가진들 실어 안 오리
我喜南風由南間	남촌서 남풍 불 제 나는 좋데나

11

尹東柱의 「序詩」

尹東柱 作詞, 金晋均 作曲의 「序詩」를 읊조리면 나도 모르게 가슴이 쓰리고 저려옵니다. 詩의 內容이 傳하는 沈痛한 命題 때문이기도 하고, 詩人의 삶이 말해주는 民族的 受難 때문이기도 합니다. 詩와 詩人이 동시에 나를 옥죈다고나 할까요. 그가 스물 아홉의 나이로 세상을 떠난 지 금년으로 74년, 祖國은 아직도 分斷의 아픔을 겪고 있고 民族은 여전히 分裂에서 헤어나지 못하고 있습니다.

지난 30餘 年, 나는 紫霞門 밖 세 마을, 弘智洞, 舊基洞, 平倉洞에서 각각 10年씩 살았습니다. 이런 因緣으로 孝子洞에서 平倉洞 옛집을 찾아갈 일이 있을 때, 靑瓦臺 옆 언덕길을 걷는 경우가 있습니다. 엊그제도 紫霞門(자하문) 밖 고갯길을 넘을 일이 있었습니다. 아니 짐짓 그 길을 걷기로 작정을 한 것입니다. 그 고갯마루 한편에 아주 조촐한 「尹東柱紀念文學館(윤동주기념문학관)」이 있기 때문입니다. 그래서 또 「序詩(서시)」를 읊게 되었습니다.

그 文學館(문학관) 바로 위 고갯마루에는 「尹東柱(윤동주)의 언덕」이라 부르는 嶺(영)마루가 있습니다. 그가 玉仁洞(옥인동)에 下宿(하숙)하던 스물 다섯 살 때 자주 올라왔었다는 傳說(전설)(?)에 따른 것인데, 나는 이곳을 그냥 지나치지 않습니다.

거기서 남쪽으로는 왼쪽에 靑瓦臺(청와대)와 景福宮(경복궁)을 끼고 南山(남산) 북녘의 서울 長安(장안)이 훤히 드러나고, 북쪽으로는 北漢山(북한산) 자락 끝으로 漢江(한강) 줄기가 아득하게 눈에 잡힙니다. 나는 그 언덕에 올라서서 尹東柱(윤동주)의 詩(시) 「드루게네프의 언덕」을 기억해 냅니다.

> 나는 고갯길을 넘고 있었다…… 그 때 세 少年(소년) 거지가 나를 지나쳤다.
> 첫째 아이는 잔등에 바구니를 둘러메고, 바구니 속에는 사이다 병,
> 간즈메 통, 쇳조각, 헌 양말짝 等(등) 廢物(폐물)이 가득하였다.
> 둘째 아이도 그러하였다.
> 셋째 아이도 그러하였다.
> 텁수룩한 머리털 시커먼 얼굴에 눈물 고인 充血(충혈)된 눈,

色 잃어 푸르스럼한 입술, 너들너들한 襤褸, 찢겨진 맨발,
　　아아 얼마나 무서운 가난이 이 어린 少年들을 삼키었느냐!
　　(下略)

　나는 여기까지 어렴풋이 기억해내다가 7, 80年 세월이 흐른 지금, 이 詩는 果然 時效가 지난 옛날 일인가 곰곰 생각하게 되었습니다. 勿論 2020年이 눈앞인 지금 그 時節과 같은 肉身의 가난은 벗어났습니다. 그러나 精神의 가난은 그 時節보다 더 커진 것은 아닐까 마음이 스산해집니다.

　心機一轉하기로 마음을 추스릅니다. 그리고 「序詩」를 외웁니다. 노래도 읊어 봅니다. 그때에 이 詩를 漢譯하고자 하는 마음이 일었습니다. 마지막 구절은 끝내 마땅치 않습니다. 그러나 五言에 支韻을 맞추느라 몇 개 덧붙인 글자를 없앨 수 없었습니다.

　　오늘 밤에도(또 그전과 같이)
　　별(옷)깃에 바람(소매)자락이 (스쳐)지나갑니다.

　이렇게 原文을 바꾸고 '亦依舊'와 '衿'과 '袘'를 끌어낸 것이 原詩를 얼마나 해친 것인가 아직도 고민합니다.

仰天至死日	죽는 날까지 하늘을 우러러
一點無羞恥	한 점 부끄럼이 없기를,
葉間興起風	잎새에 이는 바람에도
我常煩悶悲	나는 괴로워했다.
星宿詠歌心	별을 노래하는 마음으로
愛憐萬滅殉	모든 죽어가는 것을 사랑해야지.
且而賦與路	그리고 나한테 주어진 길을
默然我行之	걸어가야겠다.
今夜亦依舊	오늘 밤에도
星衿過風袘	별이 바람에 스치운다.

12

金永郎의 「모란이 피기까지는」

詩人墨客이 꽃을 노래하는 것은 東西古今이 다르지 않습니다. 꽃의 아름다움을 노래하며 自然을 讚美하는 것이 첫째 目的이긴 하지만, 그 稱頌 속에는 대체로 人間의 品性과 面貌를 드러내고자 하는 意圖가 숨어 있습니다.

그래서 千年 前 宋나라의 周濂溪는 蓮꽃을 君子에 比喩하였고, 우리나라 詩人 未堂은 菊花를 노래하면서 風霜을 겪고 거울 앞에 앉은 누이를 聯想하였습니다. 그런데 牡丹을 노래한 우리나라 詩人 金永郎(1902~1950)은 牡丹을 人生 全體에 投影하며 삶과 죽음을 생각하게 합니다. 興味롭게도 周濂溪는 「愛蓮說」에서 菊花와 牡丹과 蓮꽃을 나란히 對比시키는데 菊花는 숨어 사는 사람, 곧 陶淵明과 같은 「歸去來辭」의 主人公에 結付시켰고, 牡丹은 富貴의 象徵으로 보아 사람들이 그 華麗함에 醉하는 것이라 하였습니다.

그러나 永郎은 그 富貴의 象徵을 人生의 한해살이로, 그리고 反復되는 生滅의 삶으로 解釋하였습니다. 결코 永郎은 牡丹을 富貴에 連結시키지 않았습니다. 그러나 牡丹의 滿開만이 生涯의 絶頂이라 하였으니 生涯의 絶頂과 富貴가 그렇게 먼 것이 아닐지도 모르겠습니다.

永郎은 모란의 開花와 凋落을 人生살이 生存의 明滅에 對立시킵니다. 그 構造가 참으로 特異합니다. 全篇은 12行인데 편의상 2行씩 6聯으로 볼 수 있습니다. 그 詩的 흐름이 妙하게도 1, 2, 3聯 對 4, 5, 6聯의 對稱 構造를 보입니다. 이 詩는 劉信 작곡의 노래로도 잘 알려져 있는데, 이제 이 노래 全篇을 初刊本 『永郎詩集』에서 原文 表記대로 옮겨 봅니다.

모란이 피기까지는
나는 아즉 나의 봄을 기둘리고 잇슬테요.

모란이 뚝뚝 떠러져버린 날

나는 비로소 봄을 여흰 서름에 잠길테요.

五月 어느날, 그 하로 무덥든 날,
떠려져 누은 꼿닙마져 시드러버리고는

천지에 모란은 자최도 업서지고
뻐처오르든 내 보람 서운케 문허졌느니

모란이 지고 말면 그뿐, 내 한 해는 다가고 말아,
三百 예순 날 하냥 섭섭해 우옵내다.

모란이 피기까지는
나는 아즉 기둘리고 잇슬테요, 찬란한 슬픔의 봄을.

    第1聯과 第6聯은 '모란이 피기까지는'이라는 말로 시작하고 '기둘리고 잇슬테요'로 끝맺습니다. 다만 目的語 '나의 봄'이 '찬란한 슬픔의 봄'으로 再解釋되고요. 第2聯과 第5聯은 '모란이'로 시작하는 것이 같고 두 聯이 다 같이 모란의 凋落과 詩人의 서러움을 이야기합니다. 第3聯과 第4聯은 모란꽃의 完全消滅과 詩人의 希望消滅이 어울려 있습니다.
    이 圖形은 이 詩를 人生의 意味를 觀照한 것으로 보고 처음 3

聯은 現實의 인생살이요, 나중 3聯은 우리의 意識과 精神이 志向할 人生의 內面으로 보았습니다. 이를 다시 圖表로 만들면 다음과 같습니다.

形式構造	意味進行	人生狀況	中心內容
意識世界	제4연	죽음	人生無常의 再認識
	제5연	설움	悲哀의 內密化, 超剋化
	제6연	기다림	人生을 定義함
現實世界	제1연	기다림	人生의 意味提示
	제2연	설움	人生의 現實的 悲哀
	제3연	죽음	人生의 現實的 挫折

一言以蔽之하고 '人生은 슬프지만 아름답고 찬란하기 때문에 죽음을 무릅쓰고 살려고 하는 것'이라는 通俗的 人生觀을 노래한 것이라 할 수 있습니다. 돌이켜 보면 이 通俗的 人生觀도 쉽게 到達하는 人生의 境地는 아니라고 거듭해서 생각하게 됩니다.

　나는 이 詩를 鑑賞하는 마음으로 다음과 같이 漢譯을 試圖하였습니다.

모란이 피기까지는

牡丹滿開至逢節	모란이 피기까지는
我尙苦待爲吾春	나는 아직 나의 봄을 기다리고 있을 테요
牡丹落下萎散日	모란이 뚝뚝 떨어져버린 날
我始潛愁別離春	나는 비로소 봄을 여윈 설움에 잠길 테요
五月某日甚酷暑	오월 어느 날 그 하루 무덥던 날
零臥殘蕊終枯殞	떨어져 누운 꽃잎마저 시들어버리고는
天地牡丹無痕迹	천지에 모란은 자취도 없어지고
湧昇標望惜破粉	뻗쳐오르던 내 보람 서운케 무너졌느니
牡丹凋滅吾歲盡	모란이 지고 말면 그뿐 내 한 해는 다 가고 말아
通年恒惆泣淚扠	삼백 예순 날 하냥 섭섭해 우옵내다
牡丹發英致迎時	모란이 피기까지는
聊我乞期燦悲春	나는 아직 기다리고 있을 테요, 찬란한 슬픔의 봄을

13

李殷相의「그 집 앞」과「彈琴臺」

2014年 5月 어느 날, 우리 漢字聯合會 理事들은 初夏의 野外를 즐길 겸 坡州쪽으로 逍風을 나간 적이 있었습니다. 駟軒 田光培 編輯長이 日程을 짜고 우리 일곱 老人들은 그의 引率을 어린이처럼 따랐던 것으로 記憶됩니다. 아주 즐거운 하루였습니다.

가는 길에 年前에 作故하신 春虛 成元慶 先生의 墓所와 그분이 主管하여 세운 詩碑도 찾아 보면서 栗谷과 그 母親 申師任堂을 모신 廟堂을 參拜하였습니다. 그 廟堂의 齋室 앞에서 우리 일곱 사람은 나란히 서서 紀念寫眞도 찍었습니다. 참으로 흥거운 나들이였습니다.

그리고 滿 다섯 해를 넘긴 오늘, 나는 책갈피에 끼어 있던 그 寫眞을 發見하였습니다. 歲月이 지나면서 冊床 모서리에 어쩔 수 없이 쌓이는 篇牘 書類들을 整理할 양으로 묵은 冊덩이들을 뒤적이다가 어느 冊갈피에선가 불쑥 나타난 寫眞, 우리 일곱 老人이 栗谷廟堂의 齋室 앞에서 나란히 서서 찍은 바로 그 寫眞이 나온 것입니다.

옛날에 찍은, 묵은 寫眞을 보게 되면 우선 반가운 것이 人之常情 아닙니까? 허나 그것은 歲月이 흘렀어도 그 寫眞 속의 人物들이 모두 健康하고 조금쯤 老衰했다는 感懷가 許諾되는 때에나 可能한 일일 것입니다. 나는 그 寫眞을 발견한 瞬間, "어쩌다가 이 사진이 지금 여기에 있었단 말인가!" 呻吟하듯 중얼거리며 울컥 설움이 북받쳐 올라왔습니다. 그 일곱 名 중에서 세 사람이 故人이 되었기 때문입니다. 東洲 李平宇, 若泉 洪光植, 그리고 淸凡 陳泰夏 이렇게 세 분입니다. 淸凡은 말할 것도 없이 平生의 同志였고, 東洲와 若泉은 聯合會의 創設 멤버로 스무 해 넘게 苦樂을 같이 한 同志요 형님이었는데, 지금 그분들이 사진 속에서만 웃고 있는 것입니다.

나는 사진 속의 형님들을 그윽이 바라보면서 중얼거렸습니다.

"東洲 兄님! 兄님 계신 하늘나라에는 漢字 敎育에 게으른 韓國 社會가 없지요? 그러니 兄님의 그 熱火 같은 雄辯은 쓸모가 없겠네요. 獅子吼가 녹슬면 어쩝니까? 하루 速히 이 세상에 還生하셔서 한바탕 鬱憤을 吐露하시지요. '이 놈들! 十年 걸려 결정한 政策을 하루 아침에 한마디 相議도 없이 廢棄해! 이 無道한 놈들!' 이렇게 호통을 치셨으면 좋겠습니다."

"若泉 兄님! 珠玉 같은 時調를 하늘 나라에선 몇 首나 지으셨습니까? 生前에 時調集 한 권 묶으라고 그렇게 권했건만 빙긋이 웃기만 하시더니, 그 나라에서도 누가 무어라 말씀을 걸면 이승에서처럼 그냥 웃으시나요? 지금에라도 時調集 한 卷, 저라도 꼭 만들어드리고 싶습니다."

이렇게 두 분 兄님께는 넋두리를 늘어놓았습니다. 그런데 淸凡을 보면서는 그저 목이 메일 뿐 한마디 말이 나오지 않았습니다. 그가 唱하면 나는 虛弱한 鼓手로 長短이나 맞추었는데, 그의 唱이 끊어진 뒤로 나의 小鼓는 구멍이 뚫려 소리가 나지 않기 때문입니다. 할 수 없이 나의 그리움을 달래려고 노래책을 뒤적이다가 李殷相 作詞, 玄濟明 作曲의 「그 집 앞」을 흥얼거립니다. 그리고 내친 김에 「그 집 앞」과 「彈琴臺」를 漢譯해 보았습니다. 다음이 그 漢譯입니다.

그 집 앞

李殷相 作詞 / 玄濟明 作曲 이은상 작사/현제명 작곡

往來反復其門前　　오가며 그 집 앞을　지나노라면
愛憐不識止行步　　그리워 나도 몰래 발이 머물고
猶恐被見再徒去　　오히려 눈에 띌까 다시 걸어도
回歸停止其處所　　되오면 그 자리에 서졌습니다

今日降雨夕晚秋　　오늘도 비 내리는 가을 저녁을
孤心通過此門戶　　외로이 이 집 앞을　지나는 마음
雖欲都忘前日事　　잊으려 옛날 일을 잊어버리려
燈下踏進算霂條　　불빛에 빗줄기를 세며 갑니다

彈琴臺

李殷相 作詞 / 金東振 作曲 이은상 작사/김동진 작곡

孤樂聖于勒	외로운 樂聖 于勒
引抱伽倻琴	가얏고 당겨 안고
思念故國恨	故國 情恨을
十二絃登音	열두 줄에 올릴 적에
心藏熱血聲	심장의 피끓는 소리도
絃間混在吟	섞여 들었으리라
不問勝敗事	勝敗를 묻지 마오
申將軍終命	申將軍 그 죽음을
千仞絶壁下	몸이야 千길 절벽에
投身飛墮湧	솟구쳐 떨어져도
孤魂遊萬古	그 넋은 萬古에 남아
忍泣叫喊聲	울어 외치오리라

〈참고〉

于勒 : 新羅 時代의 音樂家로 人伽倻國 嘉實王의 뜻을 받들어 12絃琴(伽倻琴)을 만들고 이 악기의 연주곡으로 12곡을 지었다. 國原(忠州)에 살며 大奈麻 階古와 法知 등에게 伽倻琴, 노래, 춤을 가르쳤다.

申砬(1546~1592) : 朝鮮 中期의 武將. 북변에 침입한 이탕개를 격퇴하고 두만강을 건너가 野人의 소굴을 소탕하고 개선했다. 咸鏡北道兵馬節度使, 右防禦使, 中樞府同知事, 漢城府判尹을 지냈고 壬辰倭亂 때 忠州 彈琴臺에 背水陣을 치고 적군과 대결했으나 패했다.

14

尹海榮의 「先驅者」

    문어발식 擴張과 吸收라는 말은 企業 經營에만 쓰이는 말은 아닌 듯 싶습니다. 큰 나라가 더 큰 나라가 되기 위하여 사람도 땅덩어리도 야금야금 蠶食하는 일이 있기 때문입니다. 그런데 그 큰 나라가 사람과 땅덩이만 집어 삼키는 것이 아니라 지나간 歷史까지도 집어 삼키는 일이 있습니다.

    먼 데 얘기가 아닙니다. 우리와 이웃한 中國의 이야기입니다. 中國은 元來 黃河 流域을 中心으로 자그마한 部族國家로 出發한 漢族의 나라였습니다. 이른바 黃河 文明의 發祥地와 연계되어 있어서, 그들 漢族은 人類 文明의 先導者 役割을 했다는 自負心도 가지고 있습니다. 堯舜이라는 聖人을 歷史 出發의 起點으로 삼는

中國의 歷史는 西曆紀元前 數千年을 遡及하기 때문에 中國은 이 세상에서 제일 오래된 나라라고 자랑하기도 합니다.

그런데 이 中國이란 나라는 북쪽에 사는 異民族으로부터 끊임없는 威脅과 侵奪에 시달려 왔습니다. 그 北方 民族 國家들은 地理的 與件 上 農耕의 所出로 自給自足하기가 어려운 處地이어서 南方 侵略은 必然의 事件이었던 것입니다. 그래서 中國 漢族의 歷史는 그 北方 民族의 南侵으로 點綴되어 있습니다.

10世紀 中葉에서 12世紀 初盤에 이르는 遼나라(947~1125), 그 뒤를 이은 金나라(1122~1234), 그리고 13世紀初에서 14世紀 後半에 이르는 元나라(1227~1370)가 그 侵略의 主人公들입니다. 遼와 金의 侵擄에는 그래도 宋나라를 維持했으나, 元나라 때에 오면 아에 나라 全體가 元의 支配下에 들어감으로써 그 時代는 漢族의 歷史와 文化가 蹤迹이 사라진 듯한 느낌이 드는 時代이기도 합니다.

그 뒤로 明나라가 일어나 漢族의 威勢를 回復하는가 싶더니, 또다시 淸나라가 나타나 1911년까지 名目 上 漢族의 나라는 사라지고 맙니다. 이 北方 民族이 中原을 支配한 期間은 줄잡아 700년을 넘습니다.

자! 여기서 問題가 발생합니다. 通稱 中國이란 나라의 歷史를 말할 때, 漢族이 中原의 主人이던 時節만 中國의 歷史로 삼는다면 그 歷史는 中間中間에 700년을 空欄으로 두어야 하는 虛妄한 歷史 敍述을 할 수밖에 없습니다. 그래서 中國人들은 遼·金·元·淸을 아예 자기 漢族의 歷史 속에 집어넣어서 歷史를 이야기하는 態度를 지니게 됩니다. 이러한 記述 態度에 크게 도움이 된 것은 淸나라가 漢族의 文化를 積極 受容하고 스스로 漢族의 一部로 自處한 文化 政策을 폈기 때문입니다.

그리하여 結局은 中國의 歷史 敍述은 現在 中國이란 나라에 屬한 全 地域의 歷史를 모두 자기들 歷史로 解釋하려는 움직임이 일어났습니다. 그것이 이른바 歷史工程인데, 東北工程이란 것도 그 作業의 一環입니다. 그래서 우리나라 古代史의 中心地였던 滿洲 地域의 나라들 古朝鮮·扶餘·高句麗·渤海가 堂堂히(?) 中國史의 一部로 編入되었습니다. 세상에 무슨 도둑질을 하다 못해 남의 나라, 남의 民族의 歷史까지 自己 나라 歷史에 編入시키고 泰然할 수 있는 것일까요?

그런데 좀 더 깊이 생각해 보면 저 中國 사람들은 땅덩어리에

根據한 歷史를 쓰고, 우리는 사람(民族)에 根據한 歷史를 쓰는 것이니 저들이 그러거나 말거나 우리나라 古代史가 결코 毀損될 수 없다는 것도 自明한 일입니다.

그런데 問題는 우리의 마음가짐으로 解決되지 않는다는 데에 있습니다. 그 東北工程은 滿洲 地域에 남아 있는 高句麗 遺蹟들을 자기네 마음대로 歪曲 毀損하고 있기 때문입니다. 最近에 廣開土大王陵碑를 參觀하고 돌아온 사람의 말에 의하면, 그 陵碑의 解說文이 기가 막히더라는 것입니다. 그 陵의 主人公을 자기네 邊方 民族의 임금쯤으로 紹介하였다고 합니다. 우리는 이 問題를 어떻게 풀어야 할지 참으로 근심스럽습니다.

中國은 우리의 오래된 이웃입니다. 文化的으로 政治的으로 身世를 진 바가 없지 않습니다. 그렇다고 歷史 歪曲을 가만히 두고만 볼 수는 없지 않습니까? 우리의 슬기가, 그리고 끈질긴 努力의 途程이 기다리고 있습니다. 이 우울한 이야기를 들은 저녁, 나는 돌아오는 길에 吉林省 延邊을 찾았던 때를 떠올리며 흥얼흥얼 尹海榮 作詞 趙斗南 作曲의 「先驅者」를 읊었습니다. 집에 가서는 그것을 漢譯하며 마음을 다스렸습니다. 다음이 그 漢譯입니다.

先驅者

青松漸老一松亭　　일송정 푸른 솔은 늙어 늙어 갔어도
千年條流海蘭江　　한줄기 해란강은 천 년 두고 흐른다
過歲江邊先驅人　　지난 날 강가에서 말 달리던 선구자
今日何處夢深荒　　지금은 어느 곳에 거친 꿈이 깊었나

龍村井傍鳥啼夜　　용두레 우물가에 밤 새소리 들릴 때
月照意邃龍門橋　　뜻 깊은 용문교에 달빛 고이 비친다
異域望天弓射人　　이역 하늘 바라보며 활을 쏘던 선구자
今日荒夢深何處　　지금은 어느 곳에 거친 꿈이 깊었나

飛岩山寺夕鐘鳴　　용주사 저녁 종이 비암산에 울릴 때
男兒堅志胸中臨　　사나이 굳은 마음 길이 새겨 두었네
祖國復權盟誓人　　조국을 찾겠노라 맹세하던 선구자
今日何處荒夢深　　지금은 어느 곳에 거친 꿈이 깊었나

15

徐廷柱의「菊花 옆에서」

    일찍이 屈原이 저녁 식사에 菊花 꽃잎 떨어진 것을 모아 먹는다 노래하였고(夕餐秋菊之落英), 陶潛은 동녘 울밑에서 菊花를 따다가 느긋이 앞산을 바라보며 인생의 참맛을 깨달았노라고 노래안(採菊東籬下 悠然見南山) 그 菊花의 가을설이 깊었습니다.
    立冬이 내일 모레로 가깝건만 여기저기에서 菊花 展示가 한창입니다. 나는 今年의 菊花 구경은 어디에서 할까 고민 중입니다.
    四君子의 하나로 선비들이 예부터 즐겨왔던 꽃, 菊花. 志操를 굽히지 않고 炎涼世態를 꿈쩍도 않고 버텨내는 그 氣質을 사랑했던 선비의 꽃, 그 菊花는 내 기억 속에는 다음 時調와 함께 節操의

化身(화신)으로 刻印(각인)되어 있습니다.

    菊花(국화)야 너는 어이 三月東風(삼월동풍) 다 지닉고
    落木寒天(낙목한천)에 네 홀로 퓌엿눈다
    아마도 傲霜孤節(오상고절)은 너 뿐인가 ᄒ노라 <李鼎輔(이정보)>

그렇습니다. 菊花(국화)는 가을이 짙어가고 추위가 깊을수록 色調(색조)와 芳香(방향)을 뽐내며 선비의 心眼(심안)을 밝히는 花友(화우)로 사랑을 받고 있습니다.

그러므로 菊花(국화)를 노래한 現代詩歌(현대시가)가 없을 수 없으니, 이 時點(시점)에서 나는 어쩔 수 없이 未堂(미당) 徐廷柱(서정주)의 「국화 옆에서」를 떠올리지 않을 수 없습니다. 얼마나 많은 사람들이 愛誦(애송)하였습니까? 또 敎科書(교과서)에는 얼마나 오래도록 실려 있었습니까? 그런데 언제부터인가 詩人(시인) 未堂(미당)의 變節(변절) 經歷(경력)이 문제되면서 그 詩(시)를 읽을 때에 옛날 感興(감흥)이 사라지는 것도 숨길 수 없습니다. 傲霜孤節(오상고절)의 表象(표상)인 菊花(국화)를 志操(지조) 잃은 未堂(미당)이 노래하다니……. 그러자 내 思念(사념)은 日帝强占期(일제강점기)를 前後(전후)로 하여 자신의 信念(신념)에 屈曲(굴곡)을 겪었던 우리나

라 先輩 知性人들을 향했습니다. 春園 李光洙, 六堂 崔南善, 古友 崔麟 등이 떠올랐습니다.

그 중에서도 제일 먼저 생각나는 것은 古友 崔麟입니다. 다 아는 바와 같이, 그는 日帝 時期 대표적인 變節者로 손꼽힙니다. 3.1 運動 당시 민족대표 33人의 한 사람으로 義庵 孫秉熙와 함께 天道敎 側의 中心人物이었습니다. 그랬던 그가 3년형을 선고받고 服役한 뒤에 1920年代의 어느 시점부터 民族改良主義 路線을 취하며 節操를 잃어가더니, 1933년 말부터는 大東亞共榮을 내세우며 親日 反民族行爲者가 됩니다. 1934년 이후 朝鮮總督府 中樞院 參議, 每日申報 社長, 朝鮮臨戰報國團 團長이 됩니다. 가야마 린(佳山麟)으로 創氏改名을 하여 아예 日人 行勢를 합니다.

이렇게 乘勝長驅하던 그가 光復 이후, 1949년 드디어 反民特委에 逮捕되어 세 차례의 公判을 받습니다. 그 과정에서 그는 어느 누구보다도 자신의 親日 行爲를 是認하고 솔직한 懺悔를 한 인물로 알려집니다. 그는 이렇게 述懷하였다고 합니다.

"民族代表의 한 사람으로 잠시 民族 獨立에 몸 담았던 내가 이곳에 와서 反民族 行爲로 裁判을 받는 것 자체가 부끄러운 일이다. 光化門 네거리에서 소에 四肢를 묶고 刑을 執行해 달라. 그래서 民族의 본보기로 보여야 한다." 그리고 公判廷에 같이 있던 李光洙가 "나는 民族을 위해 親日한 것이다."라고 말하자 崔麟은 그 말에 강하게 反撥하며 "입 닥쳐"라고 소리를 질렀다고 합니다.

이 사건으로 하여 世間에서는 그래도 崔麟에게 一抹의 同情心을 보내게 됩니다. 古友의 얘기가 길어졌습니다. 다시금 春園과 六堂으로 돌아와 봅니다. 그들은 민족을 대표하는 최고의 知識人 作家요 學者였습니다. 두 사람이 각각 朝鮮獨立을 闡明하는 글, 「2.8獨立宣言書」와 「己未獨立宣言書」를 썼다는 것이 심히 反語的이기까지 합니다. 여기에서 나는 다시금 곰곰 생각을 가다듬어 봅니다.

자, 春園의 變節이 그의 人品에는 欠缺이 된다지만, 그가 남긴 우리 文學史의 지울 수 없는 名作들은 그렇다면 쓰레기통에 넣어 버려야 하겠는가? 또 六堂의 毀節이 문제가 된다고 하여 그가 남긴 宣言文을 우리는 내던지고 다시는 읽지 않아야 하겠는가?

그래서 나는 결국, 사람은 사람, 作品은 作品이라는 結論에 이르고 맙니다. 씁쓸하기는 하지만 作品의 아름다움은 그것대로 먼지를 털고 아껴야 할 것만 같습니다. 그래서 나는 결국 未堂의 「菊花 옆에서」를 다시 손에 꺼내듭니다. 李瑚燮 作曲의 노래를 부르려고 樂譜를 찾아 피아노 앞에 앉아 音程을 고르며 노래를 불러 봅니다. 그리고 그것을 다음과 같이 漢譯(한역)하였습니다.

국화 옆에서

一朶秋菊爲發英	한 송이 국화꽃을 피우기 위하여
自春長鳴鼎小鳥	봄부터 소쩍새는 그렇게 울었나 보다
一朶秋菊爲發英	한 송이 국화꽃을 피우기 위하여
天動又鳴雲墨奧	천둥은 먹구름 속에서 또 그렇게 울었나 보다
思慕哀惜胸傷裡	그립고 아쉬움에 가슴 조이던
迢遠靑春後園路	머언 먼 젊음의 뒤안길에서
今此還家對面鏡	이제는 돌아와 거울 앞에 선
酷似吾姊菊葩貌	내 누님같이 생긴 꽃이여
眞黃汝瓣將欲笑	노오란 네 꽃잎이 피려고
昨夜濃霜粉波降	간밤에 무서리가 저리 내리고
我寢輾轉不睡乎	내게는 잠도 오지 않았나 보다

16

趙芝薰의 「古寺」

지난 10월初 寒露之際에 東海岸을 다녀왔습니다. 長瑞 白君이 進甲을 맞는지라, 그 中老의 長壽를 祝賀하는 나들이이기도 하여 우리 家族 一行은 모두 마음이 가볍고 즐거웠습니다. 그런데 江陵 以南은 颱風 被害로 집도 무너지고 길도 끊겼을 뿐만 아니라 鏡浦臺 湖水물도 넘쳐났다는 消息이 있기에 우리는 그 北쪽 襄陽 方面을 擇했습니다.

바닷가를 간다고는 하지만 東海岸을 가면서 雪岳山을 그냥 지나치겠느냐는 衆論에 따라 돌아오는 길에 雪岳山의 神興寺도 들렀습니다. 그래서 결국 이번 길은 神興寺와 洛山寺를 參觀하는 것이 旅程의 中心 메뉴가 된 셈입니다.

寺刹 探訪은 佛子가 아니라도 境內에 들어서기만 하면 낭랑한 讀經 소리, 은은한 梵鐘의 餘韻, 讀經과 和音이 되는 木鐸 소리, 周圍에 퍼져 있는 香 내음, 歲月의 이끼가 낀 頹落한 建物의 壁體며 기둥들……이런 것들로 하여 西天世界의 入口에 들어선 느낌을 갖는 것 아닙니까?

그런데 이번 길에서 만난 神興寺와 洛山寺는 전혀 그런 古風과는 인연이 멀었습니다. 神興寺의 坐大佛과 洛山寺의 觀音像, 그 두 개의 우람한 偉容은 부처님의 慈悲보다는 現代 資本의 俗氣를 더 생각하게 했습니다. 半世紀 前쯤만 해도 그 때의 寺刹에서는 담 모퉁이나 建物 기둥 하나에서도 옛스런 香내가 묻어났었는데 웬일입니까?

새롭게 丹粧한 鐵製坐大佛과 海水觀音像은 부처님도 現代 資本으로 꽤나 致富를 하셨구나 하는 느낌이 드는 것이었습니다. '寺刹이나 나라가 다 옛날 같지 않고 富饒해진 것이 그렇게 나쁜 일이냐?'고 누가 詰責한다면 할 말은 없습니다. 그러나 요즈음 寺刹들이 그 고즈넉한 香내를 잃은 것은 分明합니다.

나는 寺刹 境內를 돌아나오면서 조금은 頹落한, 그래서 부처님의 慈悲가 建物 틈새로 새어나오는 옛 절을 回想하며 趙芝薰의

詩 「古寺」를 읊었습니다. 그리고 그것을 웅얼웅얼 漢譯하여 바꾸어 보았습니다.

古寺

木魚鼓中不勝睡　木魚를 두드리다 졸음에 겨워

美妙上座就熟眠　고오운 상좌 아이도 잠이 들었다

佛尊無言含微笑　부처님은 말이 없이 웃으시는데

西域萬里燦然霞　西域 萬里길 눈부신 노을 아래

霞彩夕下牧丹凋　눈부신 노을 아래 모란이 진다

이렇게 漢譯을 하고나서 문득 詩 한 首가 聯想되었습니다. 淸凡의 「山寺閑日」입니다. 淸凡을 그리워하며 그것을 또 읊었습니다.

閑寂山門貝葉詩　한적한 山寺는 貝葉詩 한 篇 같고

方塘雲影不知離　연못의 구름 그림자 떠날 줄을 모르네

老僧念佛鼯來點　老僧의 念佛 소리에 다람쥐 끄덕이고

鳴磬簷端旅俗里　처마끝 풍경 소리 마을로 마실 가네

17

鄭芝鎔의 「故鄉」

故鄉이란 무엇입니까?

이렇게 質問을 던지고 보니 벌써 35年쯤 흐른 옛날이 생각납니다. 그 때 나는 中學校 2學年의 막내딸을 데리고 美國에 交換敎授로 머물고 있있습니다. 그 時節입니다.

"아빠! 있으면서 없는 게 무언지 아세요?"

"있으면서 없다니? 있으면 있는 거고 없으면 없는 거지."

"아녜요. 분명히 그런 것이 있거든요?"

"그래? 그럼 어디 한번 생각해 보자."

이렇게 시작된 父女 間의 對話는 그 發端이 學校 自由 討論 時間에 이 問題가 나와서 아이들이 說往說來하다가 한 가지를 導出해 냈는데 그것이 '마음속에 있는 모든 것'으로 結論이 났다는 것입니다. 그리고 그 중에서 代表的인 實例는 꿈(Dream)과 鄕愁(Homesick)였다는 것입니다.

사실, 그 時節 나나 내 딸이나 서울 집 생각이 懇切했던 터라 그 對話를 핑계 삼아 나는 내 高等學校 同窓 崔君을 電話로 불러 불쑥 이렇게 提案했었습니다. "이봐 친구야. 週末에 우리 집에서 同窓會 한번 열자."

그리고 며칠 후 그 近處에 移民 와서 살고 있는 여섯 名 친구들과 하루 저녁 흥건히 懷抱를 푼 적이 있습니다. 그리고 또 며칠 후, 나는 서울에 있는 한 잡지사에 그 달에 보내야 하는 '글 宿題(?)'를 다음과 같이 써 보냈습니다.

秋風唯苦吟 쓸쓸한 갈바람에 읊는 이 시름

世路少知音 둘러봐야 아는 이 보이지 않고

窓外三更雨 창밖에는 깊은 밤 비가 오는데

燈前萬里心 등잔불 앞에 앉아 꿈꾸는 고향

孤雲 崔致遠(857~?)은 唐나라 留學 時節, 이 詩를 읊으며 望鄕의 외로움을 달랬습니다. 千萬里 먼 남의 고장에서 비오는 밤, 외로이 창밖을 내다 본 經驗이 있는 사람이라면 '秋夜雨中'이라는 이 詩의 心境을 짐작하고도 남을 것입니다. 그러나 이러한 외로움이 쌓이고 모여서 新羅 千年의 燦爛한 精神文化가 이룩되었다는 것도 숨길 수 없는 사실입니다.

다행히 崔致遠 같은 분은 故國에 돌아와 일하다가 文廟에 配享되는 榮光을 얻었거니와 그보다 百數十年이나 앞선 時節 『往五天竺國傳』을 지은 慧超(704~787) 스님은 故鄕에 돌아오지 못하였으니 그의 孤魂은 필경 지금도 唐나라의 어느 절간을 맴돌고 있을 것입니다. 天竺國을 떠돌던 시절, 慧超 스님도 다음과 같은 詩를 읊으며 鄕愁를 달랬습니다.

月夜瞻鄕路　달밤에 고향 길을 바라다보니
浮雲颯颯歸　뜬 구름만 쓸쓸히 돌아가기에
緘書參去便　가는 편에 내 소식 전하려 하니
風急不聽廻　바람 불어 못 듣고 되돌아오네

我國天岸北 _{아국천안북}　내 고향은 하늘 끝 북쪽에 있고

他邦地角西 _{타방지각서}　이 고장은 서쪽 끝 외진 곳이라

日南無有雁 _{일남무유안}　남녘으론 기러기도 오지 않으니

誰爲向林飛 _{수위향림비}　뉘라서 고향 숲을 날아가리오

　이처럼 옛날 우리나라 祖上들의 외국 나들이는 靑雲의 뜻을 품은 先覺者들의 求道의 길이었습니다. 그러다가 어느 틈엔가 民族史의 흐름 속에 몇 번의 戰爭이 끼어들더니 우리 民族의 集團的인 海外 移住가 발생하였습니다. 蒙古人의 말발굽에 짓눌리며 北으로 끌려갔던 高麗 사람들의 서러움과 壬辰倭亂 중에 日本으로 잡혀갔던 朝鮮王朝 陶工들의 눈물은 차라리 잊어버리면 좋겠습니다.

　東學運動을 避하여 豆滿江 넘어 소련 땅 하바로브스크로 避亂했던 우리 百姓은 이제 중앙아시아의 카자흐스탄, 타슈켄트에 數十萬이 모여 살고 있습니다. 日帝植民地 時節, 논밭을 잃고 역시 豆滿江 건너 北間島에 定着한 우리 同胞는 지금 中國 治下에서 延邊自治區를 形成하였습니다. 그리고 徵用과 徵兵으로 끌려

간 數十萬의 在日 同胞가 일본에서 差別 待遇를 받으며 살아가고 있습니다.

다시 6.25動亂이 터지자 數百萬의 北韓 同胞가 南韓으로 옮겨 왔습니다. 그 餘勢를 몰아 避亂 보따리를 풀지도 않고 美國으로 건너간 百姓이 이제는 壹百萬名을 넘겼다고 합니다. 이 나그네들은 모여 앉기만 하면 故鄕에 돌아갈 것인가, 아니면 또 다른 故鄕을 만들 것인가를 苦悶하고 있습니다.

며칠 전 나는 이곳 北캘리포니아 地域에 移民 와서 살고 있는 同窓 몇 사람과 술자리를 함께 하였습니다. 몇 번의 술잔이 오고 간 뒤였습니다.

"나 停年退職하면 故鄕에 돌아갈 거야. 아니지, 여기 沈 敎授 있으니 물어 보자. 故鄕의 뜻이 뭐니? 태어나서 자란 곳이지. 히지만 그건 初年形 故鄕이고 老年形 故鄕도 있을 수 있지 않아? 일하다가 죽는 곳 말이야."

내 친구 崔君은 이렇게 말하더니 눈물이 글썽해 가지고 노래를 부르는 것이었습니다.

"…정들면 어디나 故鄕이란다."

나는 이 글을 쓴지 35년이나 지났건만 이 글의 제목으로 붙인 "또 다른 故鄕(고향)"에 대하여 지금도 疑問(의문)을 지니고 있습니다. 과연 "또 다른 故鄕(고향)"이 意味(의미)가 있는 것인가 하고요. 故鄕(고향)은 '지금'이 아닌 저 옛날, 지나간 時間(시간)이요, '여기'가 아닌 저 멀리 떨어져 있는 地域(지역) 空間(공간)이기 때문입니다. 그래서 故鄕(고향)은 있으면서도 없는 것, 없으면서도 있는 것인지 모르겠습니다. 이렇게 '故鄕(고향)'을 定義(정의)하며 鄭芝鎔(정지용)의 「故鄕(고향)」을 다음과 같이 漢譯(한역)합니다.

故鄉

雖歸故鄉懷幼年	고향에 고향에 돌아와도
此非故鄉思慕景	그리던 고향은 아니러뇨
山雉抱卵棲巢上	산꿩이 알을 품고
布穀適時慇哀鳴	뻐꾸기 제철에 울건만
心也不帶元故鄉	마음은 제 고향 지니지 않고
遠港浮廻雲旅程	머언 항구로 떠도는 구름
今日獨孤登岑頭	오늘도 뫼 끝에 홀로 오르니
點白花笑似人情	흰 점 꽃이 인정스레 웃고
少時草笛聲未發	어린 시절에 불던 풀피리 소리 아니 나고
乾燥口脣苦而荊	메마른 입술이 쓰디쓰다
雖歸故鄉懷幼年	고향에 고향에 돌아와도
愛戀唯天高以靑	그리던 하늘만이 높푸르구나

18
沈奉錫의 「얼굴」

　오늘은 노래를 부르다가 눈물이 글썽해져 우는 한 할머니의 이야기를 소개합니다. 나이 팔십을 훌쩍 넘긴 이 할머니가 10년 전에 쓴 글인데 그 글에 30년도 더 된 이야기와 60년전의 이야기가 섞여 나옵니다. 그러니까 지금으로부터 40년도 더 되었고 또 70년이 지난 이야기입니다. 그 글에 나오는 막내딸은 지금 50을 바라보는 중년입니다. 여기까지 얘기했으니 그 할머니가 누구인지 더 자세히는 말씀드리지 않겠습니다. 짐작이 되시지요?

　"베토벤은 지금 어디에 있을까?"
　삼십 년도 더 전에 딸들과 함께 베토벤 심포니 9번을 듣다가 내가 던진 質問입니다. 哲學的인 대답을 해 보려고 주저하는 큰언니들 사이에서 조그맣게 끼어 앉아 있던 막내딸이 "베토벤은 내 피아노 小曲集에 있어요."하고 對答하였습니다. 나는 막내딸의 능청스런 대답이 대견스러워서 다시 또 질문을 건네었습니다.

"그러면 할아버지는 지금 어디에 계실까?"

그러자 이번에는 막내가 어정쩡한 표정을 짓고

"天堂에 계시겠죠, 뭐?"

라고 대답하였습니다. 그것은 아마, 한 번도 뵌 적이 없는 할아버지에 대해 막내딸에게 별 느낌이 없을 것이라는 推測을 하게 합니다. 또한 베토벤이 多作을 남겼는데 반해 할아버지는 막내가 실감할 만한 어떤 것도 남겨 주시지 않았음을 그렇게 表現한 것일 것입니다.

그러나 내 아버지는 나에게 社會 福祉 精神을 심어주고 가신 분입니다. 아버지는 매사를 實用的 觀點으로만 판단하고 처리하시는 精力的인 사업가이셨습니다. 실용적 관점이라 하여 셈이 정확한 냉철한 사업가의 이미지가 아니라 得과 失을 계산함에 있어 철저히 人道的인 觀點에 서 있던 분이셨습니다.

오늘 빌려준 빵이 다시 나에게 돌아오기까지 몇 시간이나 며칠 또는 몇 년이 아니라 먼 세대 간을 통해 멀리 필요한 사람들에게 돌려지기를 원하시어, 가난한 자와 병든 자와 어려움에 빠진 疏外(소외)된 자들의 발전을 통해 大同(대동)의 社會(사회)가 이루어지기를 希望(희망)하신 어른이셨습니다.

仁川(인천)에 몇 개의 工場(공장)을 가지고 계시던 아버지의 企業(기업) 運營(운영) 指針(지침)은 大學生(대학생)들만을 從業員(종업원)으로 채용하시는 일이었습니다. 그래서 아버지 공장은 밤에만 가동하고 낮에는 쉬어야 했습니다.

사업가이되 音樂(음악) 愛好家(애호가)이셨고, 勤儉節約(근검절약)하는 經濟人(경제인)이되 苦學生(고학생)들의 숨은 後見人(후견인)이셨던 아버지는 해마다 藝術祭(예술제)를 베풀어 예술가들을 後援(후원)하셨지만, 손수 예술 작품을 세상에 남긴다는 것은 꿈도 꾸어 보지 않으셨습니다.

그러니까 '엘리제를 위하여'를 칠 때마다 베토벤과 함께 呼吸(호흡)하는 어린 막내딸이, 뵌 적이 없는 할아버지를, 이미 가버리고 없는 사람으로 생각하는 것은 너무도 당연한 일입니다.

그러나 그분의 딸이었던 나는 내 막내딸과는 심정이 아주 다릅니다. 아버지가 나에게 베푸신 사랑의 追憶(추억)을 통하여, 내가 살아 있는 순간까지는 아버지도 나와 더불어 이 세상에 살아 계시기 때문입니다.

나는 세상에 태어난 직후부터 6.25 戰爭이 일어난 14세 때까지 仁川에서 살았습니다. 그리고 나는 몸이 허약하였습니다. 全身의 여기저기, 특히 겨드랑이와 허벅지에 계란만한 가래톳이 서고 통증이 심해서 손발을 움직일 수 없었고, 압정이나 가시에 찔린 발바닥이나 손가락은 예외 없이 곪아 수술을 받아 째고 꿰매고 또 임파선이 붓는 일을 한 해에도 몇 차례씩 치러야 했습니다. 목은 늘 피고름을 뱉어내는 고질 咽喉炎을 앓아 아버지에게 이끌려 이름 있는 醫師들을 찾아다녔습니다.

이렇듯 病弱하기 짝이 없는 幼年時節이었지만 아버지의 따뜻한 보살핌이 있었기에 무사히 14세의 여름, 내 인생의 靑少年期를 맞이할 수 있었습니다. 아버지는 그러한 내가 골골한 몸을 가지고도, 공장에서 일하는 苦學生들의 양말을 잘 빨아 주는 것을 매우 기쁘게 여기시어 늘 칭찬하시고, 손님들 앞에 내세우기를 좋아하셨습니다.

6.25 戰爭이 일어나기 직전의 어느 날, 아버지는 나를 예쁘게 丹粧시켜 桂貞植 선생의 바이올린 獨奏會에 데려가시어 꽃다발

을 贈呈하게 하셨습니다. 그날 아버지는 내 머리를 여러 번 손수 빗겨 주셨습니다. 그리고는 "머리숱이 너무 적어 큰 걱정이구나."라고 말씀하셨습니다. 그 말씀을 하시던 때의 慈愛로우셨던 표정과 내 靈魂에 수놓인 아버지 눈빛, 그것은 내 안에 계신 아버지의 現存을 認識하기에 조금도 손색이 없는 생명의 샘이 되어, 지금도 내 가슴속에 살아 있습니다.

바이올린 獨奏會가 있던 며칠 후에 6.25 戰爭이 일어났습니다. 우리 家族은 주안 석바위에 있는 아버지 농장으로 避難 가 있었는데, 거기서 맥아더 將軍의 仁川 上陸과 9.28 收復을 보았습니다. 그리고 아버지는 맥아더 將軍이 仁川에 상륙하던 그날 이후 지금까지, 家族에게 돌아오지 못하셨습니다.

열넷의 나이에 아버지와 오라비들을 다 잃은 나는 病弱한 어머니와 다섯 여동생을 扶養해야 했습니다. 戰爭 한가운데서 극심한 가난과 고통을 겪으며 나는 우리 집안이 믿던 佛敎의 부처님에게, 그리고 세상 사람들이 말하는 造物主 하느님이란 存在에게 심한 憤怒를 품었습니다. 부처님과 하느님은 왜 戰爭을 일으켜 우리 집안을 破滅로 이끌고 나를 아비 없는 자식으로 만들었는가, 내 어린 마음이 쉬지 않고 抗拒하였습니다.

게다가, 우리 집안을 沒殺시킨 장본인이 南侵 人民軍들이라 하더라도, 그들이 죽어 구더기 밥이 되어 있는 바로 그 늘비한 同族의 屍體들 옆에서, 莊嚴한 레퀴엠 미사 葬送曲과 弔砲와 默念에 맞추어 美國 兵士들이 석바위 언덕에 묻히는 장면을 바라보면서, 어린 마음 안에 비로소 民族意識이라는 것이 피어났습니다. 구더기 밥이 되어 있는 人民軍 屍體 위에, 실종된 오라비들이 오버랩되어서, 차마 눈을 뜨고 볼 수가 없었습니다.

"美國 사람은 복이 많아 죽어서도 品位를 지니고 장엄하게 묻히는데 우리 동포는 이게 무슨 꼴인가? 하느님이 만약 존재한다면 그분은 무슨 맘을 먹고 우리 同胞를 이 지경이 되게 만드는 것인가? 人民軍에게 끌려 간 나의 오라비들은 지금쯤 어디에서 人民軍服을 입고 구더기 밥이 되어 있을 것인가?"

내 울음은 이미 美國 兵士에 대한 부러움 때문이 아니었습니다. 구더기 밥이 되어 있는 人民軍 敗殘兵 주검에 대한 同情心 때문도 아니었습니다. 나이 차가 적은 오빠에게 오빠 대접을 못해 주어 미안스러워서도 아니었습니다. 미워하고 싸우고 총질하고 죽이는 이 끔찍한 同族相殘의 悲劇이 왜 하필 우리 겨레의 歷史여야 하느냐는, 하느님을 향한 鬱憤이었습니다. 하느님을 그때만큼 원망한 적이 없었습니다.

그리고 共産主義가 무엇인 줄도 모르고 자식을 빼앗겼을 그 썩어가는 人民軍의 부모님을 생각했습니다. 사립문 밖에서 이제나 저제나 아들이 살아서 돌아오기를 기다릴 咸鏡道 어느 村落의 손마디 굵은 農夫들이 내 눈 앞에 어른거렸습니다.

그 후 오랜 시간이 흐르고 나도 철이 들어서, 이 슬픈 同族相殘의 悲劇은 하느님 탓이 아니라 순전히 우리 사람들의 탓이라는 것을 깨닫게 되었지만, 매해 돌아오는 6월마다 가엾은 내 아버지와 오라비들 소식은 들을 길 없으니, 종이 위에 그린 아버지와 오라비들의 얼굴이, 오늘도 온종일 눈앞에 맴돕니다.

(李仁福 隨筆集 『108 그리움과 36의 꿈』 2010)

이 할머니가 울면서 부르는 노래는 沈奉錫 作詞, 申貴福 作曲의 「얼굴」입니다. 그 「얼굴」을 漢譯해 보았습니다. '얼굴'은 容/顔, '동그라미'는 圓/圖/環, '같다'는 如/若 등 같은 뜻의 다른 漢字를 섞어서 풀이하였습니다. 漢詩의 魅力을 새삼 느끼게 됩니다.

얼굴

欲寫圓而自成顔　동그라미 그리려다 무심코 그린 얼굴

從心所發白彼夢　내 마음 따라 피어나던 하이얀 그때 꿈을

若草葉露燦然瞳　풀잎에 연 이슬처럼 빛나던 눈동자

圓形迴轉歸去容　동그랗게 동그랗게 맴돌다 가는 얼굴

意圖圓而自生容　동그라미 그리려다 무심코 그린 얼굴

追霓昇騰五色天　무지개 따라 올라갔던 오색빛 하늘 나래

如雲中蝶飛過日　구름 속에 나비처럼 날으던 지난 날

環形旋回周居顔　동그랗게 동그랗게 맴돌곤 하는 얼굴

19

「玩花衫」과「나그네」

　1940年代 初에 우리나라 詩文學의 싱그러운 滿開를 선언하듯, 索寞한 日帝 暗黑期를 깨뜨린 青鹿派 詩人(趙芝薰, 朴木月, 朴斗鎭) 세 사람은 그들의 詩 작품을 주거니 받거니 나누면서 詩想과 詩風을 비슷하게 형성하여 갔습니다. 그 중에서도 芝薰의 「玩花衫」과 木月의 「나그네」는 詩題와 詩心에서 呼兄呼弟의 모습을 보입니다.

　그런데 가만히 생각해 보면 이런 詩가 그 시대에 발표되었다는 것이 어떻게 가능하였을까 하는 의문을 자아냅니다. 왜냐하면 이들 詩는 1940年代 初半, 日帝가 막바지 극성을 부리던 政治的, 文化的 暗黑期에 발표되었기 때문입니다.

여기에서 우리는 생각을 가다듬어야 합니다. 詩人의 原初的 使命이란 絶望의 어둠 속에서 希望의 黎明을 노래해야 한다는 것을, 詩人은 그런 사람이어야 한다는 것을.

그렇습니다. 芝薰과 木月은 '술 익는 江마을'이 存在할 수 없는 시대에 '술 익는 江마을'을 불러낸 先覺者요, 民族의 慰勞者였던 것입니다. 그들의 叡智와 豫言이 民族의 自由와 解放을 불러왔다고 우리는 생각하면서, 이 詩들을 눈물半, 웃음半으로 鑑賞하는 기쁨을 누려야 할 것입니다.

巷間에는 이들 두 詩 사이에 일어났던 재미있는 逸話가 전합니다. 芝薰이 「玩花衫」을 써서 木月에게 보이자, 木月이 그 詩에 和答하여 次韻한 것이 「나그네」라는 것입니다. 首肯이 가고도 남는 대목입니다. 그런데 「玩花衫」은 금수현 曲의 노래가 있는데 「나그네」는 아직 노래가 없습니다. 그 詩가 노래 이상으로 整齊된 7.5調이기 때문일까요?

우리는 이제 이 두 詩를 나란히 漢譯으로 對比해 보기로 합니다. 작품의 優劣·長短은 덮어두기로 하고.

玩花衫

冷岑巖上遠昊天　　차운 산 바위 위에 하늘은 멀어

山鳥悲痛呼哭鳴　　산새가 구슬퍼 울음 운다

流雲水道七百里　　구름 흘러가는 물길은 七百里

孤客長袂沾葉英　　나그네 긴 소매 꽃잎에 젖어

熟酒江村斜陽霞　　술 익는 마을에 저녁노을이여

宿夜彼洞凋芳庭　　이 밤 자면 저 마을에 꽃은 지리라

多情多恨猶如病　　다정하고 恨 많음도 病인 양하여

月色下靜振回程　　달빛 아래 고요히 흔들리며 가노라

나그네

江津越便麥畈路　　강나루 건너서 밀밭 길을

雲上月行客同途　　구름에 달 가듯이 가는 나그네

單線三百里南道　　길은 외줄기 南道三百里

釀酒村村燒夕霞　　술 익는 마을마다 타는 저녁놀

雲上月行客同途　　구름에 달 가듯이 가는 나그네

20
金剛山 二題

    내가 살고 있는 산골은 四時長靑 翠柏蒼松이 우거진 숲입니다. 새벽부터 뻐꾸기 울음과 어울려 뭇새들의 噪啼聲이 시끄럽습니다. 몇 걸음 떼지 않아서 숲 길에 접어들고, 深山幽谷은 아니지만 비 끝에 불어난 개울에선 제법 激湍의 물소리를 내고 흐릅니다. 하늘이 보이지 않는 地點에 이르면 나는 문득 노래를 부르고 싶어집니다. 이 숲속에서 金剛山이 생각난 것입니다.

  "아! 지금 여기가 金剛山이라면!"

  나는 이렇게 중얼거리다가 흥얼흥얼 노래를 부릅니다.

  그 하나는 「금강에 살어리랏다」이고, 또 하나는 「그리운

金剛山」입니다. 抱川의 이름없는 숲속에서 固城의 名山 金剛을 그리워합니다. 사실, 우리가 지금 가볼 수 있는 東海岸의 最北端 統一展望臺에 서면 金剛山 毗盧峯은 30km(?) 안팎의 咫尺입니다. 望遠鏡을 눈에 대면 一萬二千峰이 屛風처럼 눈앞으로 다가옵니다.

  그러나 나는 지금, 抱川의 숲속에서 金剛을 그리워하고 있습니다. 그 心情을 다음과 같은 漢譯으로 달래 봅니다.

금강에 살어리랏다

李殷相 詩/洪蘭坡 曲 이은상 시/홍난파 곡

願生金剛山　　　금강에 살어리랏다

願生金剛山　　　금강에 살어리랏다

帶雲與携霧　　　운무 데리고

願生金剛山　　　금강에 살어리랏다

紅塵共腐儒　　　홍진에 썩은 선비야

豈知吾常休　　　아는 체나 하리오

此身消盡後　　　이 몸이 스러진 뒤에

叮嚀魂魄有　　　혼이 정녕 있을진대

是魂永遠守　　　혼이나마 길이길이

願生金剛山　　　금강에 살어리랏다

生平汚染心　　　생전에 더럽힌 마음

洗淨明鏡叟　　　명경같이 하고저

景慕金剛山　그리운 금강산

韓相億 作詞 / 崔永燮 作曲　한상억 작사/최영섭 작곡

誰何主宰淨麗山	누구의 주제런가 맑고 고운 산
萬二千峰雖不諺	그리운 만 이천 봉 말은 없어도
自由萬民衿衣裳	이제야 자유 만민 옷깃 여미며
再呼名吾金剛山	그 이름 다시 부를 우리 금강산
萬歲嘉岺汚幾年	수수만년 아름다운 산 더럽힌 지 몇 해
今來覓日金剛喚	오늘에야 찾을 날 왔나 금강산은 부른다
毘盧靈峰踩躪處	비로봉 그 봉우리 짓밟힌 자리
白雲松風無心還	흰구름 솔바람도 무심히 가나
不見足下遠山海	발 아래 산해 만리 보이지 마라
吾皆結恨至解緩	우리 다 맺힌 원한 풀릴 때까지
萬歲嘉岺汚幾年	수수만년 아름다운 산 더럽힌 지 몇 해
今來覓日金剛喚	오늘에야 찾을 날 왔나 금강산은 부른다

21

鄭芝溶의「鄕愁」

한 篇의 詩를 鑑賞하려면 그 詩人의 履歷과 그 詩人의 語法을 얼마나 알아야 할까요? 그것이야 물론 감상해야 할 詩가 어떤 것이냐에 달려 있습니다. 우리는 앞에서 鄭芝溶의 「故鄕」을 鑑賞한 바 있습니다. 그 때에 그 詩를 지은 이에 대하여 우리는 관심을 두지 않았습니다. 그 詩에 나타나는 詩語에도 특별히 注目할 필요가 없었습니다. 우리 韓國 사람이라면 어느 地方 어느 階層의 사람이건 두루 쉽게 이해되는 情緖, 곧 그리운 故鄕에 찾아왔을 때의 허탈한 心懷를 아주 쉽게 노래하였기 때문입니다.

그런데 이번에는 事情이 아주 다릅니다. 똑같은 詩人 鄭芝溶이 똑같은 詩想 '그리운 故鄕'을 읊은 것인데, 이 詩는 그렇게 쉽게 접근할 수 없습니다. 그것은 「鄕愁(향수)」입니다. 우선 詩(시) 全篇(전편)을 발표 당시의 表記(표기)대로 옮겨 봅니다.

넓은 벌 동쪽 끝으로
옛 이야기 지즐대는 실개천이 휘돌아 나가고
얼룩백이 황소가
해설피 금빛 게으른 울음을 우는 곳
― 그 곳이 참하 꿈엔들 잊힐리야

질화로에 재가 식어지면
비인 밭에 밤바람 소리 말을 달리고
엷은 조름에 겨운 늙으신 아버지가
짚벼개를 돋아 고이시는 곳
― 그 곳이 참하 꿈엔들 잊힐리야

흙에서 자란 내 마음
파아란 하늘이 그립어
함부로 쏜 화살을 찾으려
풀섶 이슬에 함추름 휘적시든 곳
― 그 곳이 참하 꿈엔들 잊힐리야

傳說(전설) 바다에 춤추는 밤물결 같은

　　검은 귀밑머리 날리는 어린 누이와

　　아무러치도 않고 예쁠 것도 없는

　　사철 발 벗은 안해가

　　따가운 햇살을 등에 지고 이삭 줍던 곳

　　― 그 곳이 참하 꿈엔들 잊힐리야

　　하늘에는 성근 별

　　알 수도 없는 모래성으로 발을 옮기고

　　서리 까마귀 우지짖고 지나가는 초라한 지붕

　　흐릿한 불빛에 돌아 앉아 도란도란거리는 곳

　　― 그 곳이 참하 꿈엔들 잊힐리야

　이 詩(시)를 가볍게 通讀(통독)하신 분들은 이렇게 말씀하실 수도 있습니다. "뭐, 理解(이해) 못할 어려운 말이 없구면. 멀리 두고 온 故鄕(고향)에 대한 추억인데 뭘." 물론 그렇지요. 追憶(추억)의 장면들이 한 장, 한 장 슬라이드 사진 5장이 모인 것이니까요. 그러나 그 안에 나오는 事物(사물)이나 人物(인물)에 대한 깊이 있는 理解(이해), 아니면 좀 더 愛情(애정) 어린 理解(이해)를 한 것은 아니지 않습니까? 詩(시)를 두고, 흔히 하는 말이 있습니다.

"詩는 읽어서 느낌이 좋으면 되는 거야. 뭘 꼬치꼬치 따지고 파헤칠 필요가 있나?"

이러한 詩 鑑賞 태도를 결코 나무랄 수는 없습니다. 그러나 詩 作品의 세계를 제대로 吟味하려면 詩의 전체 구조와 詩語 하나하나의 아름다움을 깨달을 때에 비로소 詩를 읽었다고, 아니 詩를 鑑賞하였다고 말할 수 있을 것입니다.

그래서 우리는 다시 한 번 천천히 「鄕愁」를 읊어 봅니다. 이 詩 全篇을 어떤 이는 5聯으로 보고 또 어떤 이는 10聯으로 봅니다. "그 곳이 참하 꿈엔들 잊힐리야"를 後斂句로 보면 5聯이고, 그것을 독립된 聯으로 계산하면 10聯이 됩니다. 편하게 나누면 5聯, 5段落으로 보면 될 것입니다.

첫째 聯은 고향을 찾아 멀리서 찾아온 詩人 作者의 視點입니다. 想像의 追憶 속에서 故鄕을 바라봅니다. 故鄕의 前景인 동시에 背景입니다.

둘째 聯은 고향 마을에 들어섰습니다. 馬城山이 마을 뒤로 펼쳐져 있습니다. 그리고 그리운 집안으로 들어섭니다. 거기에 故鄕과 同義語라 할 수 있는 '아버지'가 계십니다. 그것도 짚벼개를 돋아 고이시면서 누워 졸고 계십니다.

　셋째 聯에 가서 드디어 詩人 자신의 어릴 적 모습이 나옵니다. 여기에서 비로소 詩人 개인의 身上이나 成長 背景 같은 것이 궁금해집니다. 農村에서 자란 소년이 또 다른 세상(파아란 하늘)을 그리워한다는 것은 理解가 되는데 웬 화살을 찾으려 풀섶을 누비다니.

　이것은 詩人 鄭芝溶의 故鄕, 忠淸北道 沃川郡 沃川邑 下桂里에 있는 시인의 生家를 알아야 합니다. 그 生家 근처에 활쏘기 훈련을 하던 '弓터'라는 곳이 있었습니다. (지금은 아파트 村이 되었으나) 詩人 芝溶의 어린 시절에는 동무들과 어울려 정말로 활을 쏘고 놀았을 것입니다. 정말 제대로 된 활을 쏜 것은 아니겠고, 어린이용 활쏘기였을 것입니다.

　넷째 聯에 이르면 어린 시절의 家族, 그 중에서도 가장 사랑했던 두 사람 누이와 아내가 나옵니다. 그런데 이상하게도 누이는 아주 어리고 아내는 보통의 아낙네입니다. 이것도 詩人의 履歷을 모르면 理解하기 힘듭니다. 芝溶은 12살 때 이웃마을 兩班집 딸 宋在淑과 결혼합니다. 그가 5代 獨子였기 때문입니다. 그 父親은 아들을 結婚시켰다고 곧 後嗣를 볼 수 있는 것도 아니니까 조급

한 마음에 둘째 夫人(부인)을 얻습니다. 거기에서 얻은 딸이 桂溶(계용)인데, 이 詩(시)에서 검은 귀밑머리 소녀로 등장합니다. 芝溶(지용)은 14살 터울의 이 異腹(이복) 여동생 桂溶(계용)을 무척 아끼고 사랑하였다 합니다.

다섯째 聯(연), 이 마지막 聯(연)에서 드디어 온 가족이 모여 도란도란 이야기를 나누는 겨울 밤 모습이 나옵니다. 그러고 보면 넷째 聯(연)이 이삭 줍는 가을이고, 그 앞을 활 쏘며 노는 여름으로 본다면, 이 詩(시)는 암묵적으로 春夏秋冬(춘하추동)을 차례로 敍述(서술)하였다는 느낌이 옵니다. 다시 한 번 첫째 聯(연)부터 등장하는 가족을 살펴볼 필요가 있습니다. 얼룩백이 황소도 가족의 일원이겠죠? 아버지, 나, 누이와 아내 그리고 온 家族(가족). 이렇게 차례대로 언급하는 것이 마치 幾何學的(기하학적) 圖形(도형)을 그리며 詩想(시상)을 확대하는 것 같지 않습니까?

芝溶(지용)을 일컬어 浪漫的(낭만적) 象徵主義(상징주의)니 모더니즘의 詩人(시인)이니 하는 詩作法(시작법)이나 詩思湖上(시사조상)의 用語(용어)를 쓰는 것은 우리들이 몰라도 좋습니다. 그가 20世紀(세기) 전반기에 韓國(한국) 抒情詩(서정시)의 眞髓(진수)를 先導(선도)하며 한국 現代詩(현대시)의 아버지라 불리는 까닭이 무엇인지를 그의 詩(시)를 통하여 짐작하면 우리는 그것으로 만족하여야 할 것입니다. 또 한 가지. 우리가 이 「鄕愁(향수)」를 읽으면서 꼭 기억해야 할 것은 芝溶(지용)의 그 감칠맛 나는 鄕土性(향토성) 낱말입니다. '해설피', '금빛 울음', '짚벼개',

'함추름' 같은 낱말이나 표현들은 辭典을 뒤져보아도 쉽게 알 수 없는 土俗語彙입니다.

그 土俗的인 낱말과 함께 참으로 土俗的인 그의 아내, "아무렇지도 않고 예쁠 것도 없는 사철 발 벗은 안해"는 우리 모든 韓國人의 아내像이 아닐런지요. 이것으로 詩 鑑賞 안내를 마칩니다.

다음의 漢譯은 이 詩의 맛이 어떻게 漢字로 變容, 轉訛 하였는가를 보여줍니다. 물론 그 轉訛는 그것대로의 맛을 지니고 있습니다. 이 漢譯에서는 同一行에 同一音 異字使用의 맛을 살려 보았습니다.

2 聯에서 藁枕一高撑, 3 聯에서 茂苺一彩染, 5 聯에서 環坐一歡談 같은 것입니다. 漢譯에서도 역시 凡常無姸裸足妻는 이 詩 전체의 분위기를 壓倒합니다. (이 「鄕愁」를 쓴 1923년 4월은 芝溶의 나이 22歲이고, 3월에 徽文高普를 卒業하고 5월에 日本 京都(교토)의 同知社大學(도시샤 대학) 豫科에 입학하기 전입니다.)

鄕愁

廣野東便最終端　　넓은 벌 동쪽 끝으로
古談細話小溪廻　　옛 이야기 지즐대는 실개천이 휘돌아 나가고
黑白點身大黃牛　　얼룩백이 황소가
金色懈怠泣鳴處　　해설피 금빛 게으른 울음을 우는 곳
一其所夢中不忍忘　―그 곳이 참하 꿈엔들 잊힐리야

舍廊陶爐殘灰盡　　질화로에 재가 식어지면
空田風聲夜馬走　　비인 밭에 밤바람 소리 말을 달리고
不勝薄睡老父爺　　엷은 조름에 겨운 늙으신 아버지가
藁枕引牽高撐處　　짚벼개를 돋아 고이시는 곳
一其所夢中不忍忘　―그 곳이 참하 꿈엔들 잊힐리야

壞上成熟吾心性　　흙에서 자란 내 마음
玉色靑天常想懷　　파아란 하늘이 그립어
任意射出弓矢尋　　함부로 쏜 화살을 찾으려
茂苒草露彩染處　　풀섶 이슬에 함추름 휘적시든 곳
一其所夢中不忍忘　―그 곳이 참하 꿈엔들 잊힐리야

似舞夜波傳說海	傳說 바다에 춤추는 밤물결 같은
黑鬢風飛妹年少	검은 귀밑머리 날리는 어린 누이와
凡常無姸裸足妻	아무러치도 않고 예쁠 것도 없는 사철 발 벗은 안해가
陽熱照背收穗處	따가운 햇살을 등에 지고 이삭 줍던 곳
―其所夢中不忍忘	―그 곳이 참하 꿈엔들 잊힐리야

深夜暗天星稀少	하늘에는 성근 별
不知沙城向行步	알 수도 없는 모래성으로 발을 옮기고
霜烏啼噪過貧廬	서리 까마귀 우지짖고 지나가는 초라한 지붕
微燈環坐歡談處	흐릿한 불빛에 돌아 앉아 도란도란거리는 곳
― 其所夢中不忍忘	―그 곳이 참하 꿈엔들 잊힐리야

22

朴斗鎭의 「落葉」

　詩心은 크게 두 가지로 나뉩니다. 하나는 作詩者(詩人)의 詩心이요, 또 하나는 鑑賞者(讀者)의 詩心입니다. 詩人의 詩心은 시를 짓지 않고는 견딜 수 없는 創作性 詩興이고, 讀者의 詩心은 시를 통하여 시의 세계에 들어가는 吟味性 詩興입니다.

　이 두 개의 詩興은 시를 만들고 시를 즐긴다는 서로 달라 보이는 길이지만 그 感興과 情緒가 시를 사랑한다는 하나의 마음에 묶여 있습니다. 그래서 詩人의 詩興과 讀者의 詩興이 때로는 아주 同一할 수도, 또 아주 비슷할 수도 있습니다.

　그러나 두 개의 詩興은 완전히 독립적이기 때문에 鑑賞의 세계가 作詩의 세계와 일치할 필요도 없고 또 비슷할 필요도 없습니다. 그러니까 시 감상은 作詩者의 興趣나 의도와는 상관없이 獨自的으로 새로운 세계를 펼칠 수 있습니다. 이것이 詩 鑑賞의 權利요 自由입니다.

詩를 감상하는 자세가 어떤 것인가를 꽤 복잡하게 말씀 드렸군요. 요컨대 시를 읽고 즐긴다는 것은 시인이 詩를 어떤 經緯로 지었건 그와는 관계없이 讀者 마음대로 즐길 수 있다는 것입니다. 물론 시인이 '이러했으리라'는 자유로운 假想下에서 말입니다.

자! 이제 朴斗鎭 詩人의 落葉을 鑑賞하기로 합시다. 詩人은 지금, 가을철 단풍 든 나뭇잎, 그것도 나무에서 떨어진 落葉 한 잎을 바라봅니다. 이것이 어디에서 왔을까 주위를 살펴봅니다. 그리고 그 낙엽 잎새 하나가 일 년 내내 쌓인 햇살을 견디며, 가을 하늘이 강물이 되고 하늘 바람이 돌이 되듯, 스스로 생각하는 존재요, 또 孤獨을 孕胎했다는 사실을 깨닫습니다. 가을 잎새의 생각과 외로움 그것이 또 오랜 沈默으로 내부 발열을 거쳐 땅으로 떨어집니다. 가을 밤 하늘의 저 수많은 별들이 내 가슴에 내려와 앉듯이.

詩人은 이런 마음으로 落葉을 노래하였을 것입니다. 낙엽이 별이 되는 것은 長考의 세월, 孤獨의 歲月, 沈默의 歲月이 만들어 내는 玲瓏한 詩心의 승리입니다.

이제 이것을 原詩의 文脈에 따라 漢譯해 봅니다.

落葉

朴斗鎭 작사 / 김용호 작곡

昊天秋節爲流水　　하늘의 가을이 물로 내려

翡靑凝結轉河沼　　푸르디 푸른 강이 되었다

崇天朔風變湧泉　　하늘의 바람이 물로 내려

璧玉羨望化靑礁　　푸르디 푸른 돌이 되었다

朝日積光一秋葉　　그 아침 쌓인 햇살 가을 잎새 한 잎

思念水重岩葉孤　　생각하는 물의 무게 돌의 잎새 외로움

長久密黙自發熱　　너무 오랜 안의 침묵 절로 닳아 뜨거워

遐遠星成來臨宿　　머언 먼 별이 된다 별이 내린다

詩人이 七言律詩를 의식하고, 八行의 시를 쓰지는 않았겠지요. 그러나 이것은 완벽한 七言律詩에 대응합니다. 神妙한 느낌입니다.

23

李陸史의「靑葡萄」

李陸史(1904~1944)는 本名이 活, 源綠, 源三입니다. 慶北 安東에서 태어나 어려서 祖父로부터 漢文을 배우다가 1915年 禮安 普文義塾에 伯兄을 따라다니며 新學問과 見聞을 넓힙니다. 1925年 형과 아우 등 三兄弟가 義烈團에 加入합니다. 1927年 朝鮮銀行 大邱支店 爆破 事件의 被疑者로 검거되어 最初의 獄苦를 치릅니다. 이 때의 囚人 番號 '64'를 取音한 '陸史'를 雅號로 정하여 筆名으로 씁니다. 그 후로 자그마치 17회나 監獄을 드나듭니다. 抗日運動은 직업이나 다름이 없이 됩니다.

1932年에는 朝鮮軍官學校에 들어가 다음해에 졸업합니다. 1933年 『新朝鮮』에 處女作 詩 「黃昏」을 발표하며 詩人으로서

의 行步를 걸어갑니다. 獨立鬪士로서의 行步와 함께 말입니다. 1943年 7月 서울에서 被檢되어 北京으로 押送되었는데, 그 다음해 1월 北京監獄에서 別世합니다.

遺稿詩集 『陸史詩集』도 1946年 아우 源朝에 의해 發刊된 후로, 未收錄 작품을 찾아 詩集이 계속 발간됩니다. 그의 詩作品은 詩人의 투철한 時代意識이 強靭하고도 纖細한 內面世界와 어울리며 절제된 言語形式, 깊이 있는 象徵과 함께 그의 決然한 의지의 詩세계를 펼칩니다.

우선 「靑葡萄」를 一讀하고 그 鑑賞을 적어 봅니다. 故鄕을 떠나 있는 나그네(詩人)와 고향의 7월을 생각합니다.

"아, 그 계절은 청포도가 익어가는 때였지."

이것이 나그네의 歎息 어린 첫 發聲입니다. 그리고 靑葡萄가 익는 모습을 묘사합니다. 포도송이가 줄줄이 늘어진 것을 마을의 傳說이 줄줄이 펼쳐진 것이라고 생각합니다. 또 포도송이가 영글어 갈수록 그것은 꿈꾸는 하늘이 먼 곳에서 포도송이 속으로 들어와 박히는 것이 아닌가 생각해 봅니다. 마을의 傳說은 마을의

過去요, 꿈꾸는 하늘은 마을의 未來입니다. '주절이 주절이'와 '알알이'는 마을의 時空 속에서 영글어 가는 포도송이의 모습입니다.

나그네는 또 생각합니다. 이렇게 포도송이가 익어갈 무렵 무언가 새로운 世上, 좀 더 좋은 歲月이 왔으면 싶습니다. 그것이 나그네에게는 푸른 바다가 가슴을 열어젖히고 흰 돛단배가 꿈꾸듯이 고요히 다가오는 것이라고 表現해 봅니다.

나그네는 그 때에 그리운 사람이 靑袍를 입고 찾아왔으면 좋겠다고 생각합니다. 그런데 그 그리운 사람, 그리운 손님은 疲困에 지쳐 매우 고달픈 모습입니다. 자기 自身의 모습과 그리운 손님의 모습이 한 사람 나그네의 모습으로 합쳐집니다. 그렇다면 이 詩를 읊는 나그네나 손님이나 한 마음 두 몸이라 할 수밖에 없습니다.

드디어 나그네는 손님과 더불어 故鄕의 精神이요 靈魂이라고 해도 좋을 葡萄를 따 먹습니다. 포도를 먹는다는 것은 고장의 過去를 돌아보고, 未來를 꿈꾸는 意氣投合의 대화를 表象합니다. 두 손을 함뿍 적신다는 것은 가슴속에 품은 懷抱를 한껏 펼친다는 말의 詩的 表現은 아닐까요?

나그네는 하고 싶은 말을 다 끝내고 손님과 더불어 心機一轉의 마음가짐을 추스릅니다. 銀쟁반의 모시 수건이 그것을 暗示합니다. 이렇게 이 詩는 靑葡萄(1, 2聯) 흰 돛단배(3聯) 靑袍客(4聯) 하얀 모시 수건(5, 6聯)의 四段構成입니다. 그것은 靑·白의 對稱과 調和입니다. 그 대칭이 극명하게 나타난 부분은 3聯입니다. '하늘 밑 푸른 바다'는 靑이고, '흰 돛단배'는 白이지 않습니까?

그리고 끝 부분 5, 6聯에서 두 손을 함뿍 적시며 靑葡萄를 먹은 뒤에, 純白의 모시 수건을 그것도 銀쟁반 위에 마련하자고 청합니다. 靑에 맞서는 白의 의미를 느끼게 됩니다. 참으로 엉뚱한 聯想입니다만 옛날 초등학교 시절, 7월의 운동장에서 靑·白戰을 벌이던 運動會 장면이 떠오릅니다. 詩的 感興과 그 想像은 참으로 自由롭습니다.

그러나 이 詩는 未來에 대한 애달픈 所願을 감추고 있습니다. 그래서 그 동안 評者들은 이 詩를 祖國 光復의 念願을 노래한 것이라고 말해 왔습니다. 詩人 李陸史의 履歷과 行蹟을 생각할 때 그것은 너무도 自然스러운 판단일 것입니다.

다음은 그 漢譯(한역)입니다.

靑葡萄

李陸史 이육사

吾故鄕也歲七月	내 고장 칠월은
靑葡萄之爛熟節	청포도가 익어가는 시절
是村傳說條條垂	이 마을 전설이 주절이 주절이 열리고
遠天進夢葩葩結	먼데 하늘이 꿈꾸며 알알이 들어와 박혀
乾底碧海開胸襟	하늘 밑 푸른 바다가 가슴을 열고
白帆一舟泛到潔	흰 돛단배가 곱게 밀려서 오면
待望貴賓困疲身	내가 바라는 손님은 고달픈 몸으로
靑袍衣帶必探訪	靑袍를 입고 찾아온다고 했으니
歡客摘取是葡萄	내 그를 맞아 이 포도를 따 먹으면
兩手完浸猶快爽	두 손은 함빡 적셔도 좋으련
呼童吾床銀錚盤	아이야, 우리 식탁엔 은쟁반에
固備純白苧巾掌	하이얀 모시 수건을 마련해 두렴

24
趙芝薰의「落花」,「芭蕉雨」,「僧舞」三篇

芝薰 趙東卓(1920~1968)은 靑鹿派 詩人의 한 사람입니다. 慶尙北道 英陽에서 뼈대 있는 집안의 아들로 태어났습니다. 할아버지 趙寅錫에게서 아홉 살 때까지 漢文을 배웠습니다. 普通學校 공부보다 漢文 공부가 더 큰 비중을 사지했을 것입니다. 아버지 趙憲泳은 制憲 및 2代 國會議員이셨는데, 6.25때 拉北되셨습니다. 이런 집안에서 성장하여 惠化專門學校(東國大 前身) 文科에 들어가 공부합니다.

卒業 後에 五臺山 月精寺 佛敎專門講院의 강사 생활을 하며, 佛敎書籍 아니 佛敎의 本領에 깊이 빠집니다. 그 뒤 朝鮮語學會에서 큰辭典 編纂委員으로 일하다가 朝鮮語學會 事件으로 檢擧되

어 獄苦를 치릅니다. 光復 後 高麗大學校 教授로 20여 년 在職 中 1968년 氣管支 破裂로 他界합니다.

이상이 간략한 芝薰의 履歷인데, 여기에서 漢文·佛教·韓國語·韓民族 이 네 가지가 詩人 芝薰을 둘러싼 네 기둥임을 알게 됩니다. 따라서 그의 詩는 이 네 가지 키워드(鑰語)를 갖고 있으면 그 세계가 훤히 펼쳐집니다.

「落花」는 消滅의 無常을 佛教的 美學으로 노래한 詩라는 평을 받습니다. 漢詩의 詠嘆調와 禪美가 어울려져 아련히 우리의 가슴을 적십니다. 사실 이 詩는 第二節이 있습니다. 여기에 揷入하여 소개하지 않을 수 없군요.

   피었다 몰래 지는 고운 마음은
   흰 무리 쓴 촛불이 홀로 아노니
   꽃 지는 소리 하도 가늘어
   귀 기울여 듣기에도 조심스러라
   두견이도 한 목청 울고 지친 밤
   나 혼자만 잠들기 못내 설어라

어쩌면 이 詩를 읽으면서 우리들은 아무것도 모르는 衆生이건만 불교에서 말하는 無의 世界, 禪의 世界, 思無邪와 解脫의 세계가 어떤 것인지 어렴풋이 헤아릴 것만 같습니다.

「芭蕉雨」에서도 永遠과 無常이 '나'와 대면한 '구름', '산', '물소리'에 어울려 있고, 「僧舞」에서는 煩惱를 이겨 내려는 女僧의 姿態가 춤사위 속에 어떻게 녹아내리는지 그것을 芝薰의 언어로 맛볼 수 있습니다.

※ 漢詩에는 三行으로 단락을 이루는 慣行이 없습니다. 그러나 우리 時調가 三行이고, 芝薰의 글은 아주 자연스럽게 初·中·終章이 각 一行으로 대립시킬 수 있기 때문에, 時調形 三行의 漢詩가 되었습니다. 一三行에 脚韻을 맞추어 보았습니다. 원래 時調의 終章은 起承轉結로 구분하는 방식에 따르면 終章이 轉·結 複合句에 해당합니다.

落花

雖花零落何風咎　　꽃이 지기로소니 바람을 탓하랴

簾外稀星一二散　　주렴 밖에 성긴 별이 하나 둘 스러지고

歸蜀鳴 罷遠山友　　귀촉도 울음 위에 머언 산이 닥아서다

必消燭火英葩凋　　촛불은 꺼야 하리 꽃이 지는데

落花陰影庭隅映　　꽃 지는 그림자 뜰에 어리어

素白推門慇懃朱　　하이얀 미닫이가 우련 붉어라

隱遁處士雅心優　　묻혀서 사는 이의 고운 마음을

誰何認知恐懼畏　　아는 이 있을까 저어하노니

花落晨朝欲泣淚　　꽃이 지는 아침은 울고 싶어라

芭蕉雨

浮遊孤流一苞雲　　외로이 흘러간 한 송이 구름

此夜何處當休眠　　이 밤을 어디에서 쉬라던고

零落芭蕉昏初夜　　성긴 빗방울 파초 잎에 후둑이는 저녁 어스름

開窓靑山坐對面　　창 열고 푸른 산과 마조 앉어라

復聽不嫌浪水聲　　들어도 싫지 않은 물소리기에

每日眺望山慕戀　　날마다 바라도 그리운 산아

全朝吾夢過襟雲　　온 아츰 나의 꿈을 스쳐간 구름

此夜何處止息延　　이 밤을 어디에서 쉬라던고

僧舞

薄沙白巾麗接蝴　　얇은 紗 하이얀 고깔은 고이 접어서 나빌레라

青然削髮藏於巾　　파르라니 깎은 머리 薄紗 고깔에 감추오고

兩顴流色眞美愁　　두 볼에 흐르는 빛이 정작으로 고와서 서러워라

空臺黃燭溶默夜　　빈 臺에 黃燭불이 말 없이 녹는 밤에

梧桐葉葉半落月　　梧桐잎 잎새마다 달이 지는데

袂也長廣浩瀚天　　소매는 길어서 하늘은 넓고

若還飛翔輕瓜襪　　돌아설 듯 날아가며 사뿐히 접어 올린 외씨 버선이여

黑眼瞳子擧輕快　　까만 눈동자 살포시 들어

遐旻焦集一星光　　먼 하늘 한 개 별빛에 모두오고

如桃花頰瓏雙鈴　　복사꽃 고운 뺨에 아롱질 듯 두 방울이야

困世煩惱苦星光　　世事에 시달려도 煩惱는 별빛이라

曲廻再接展開腕　　휘어서 감기우고 다시 접어 뻗는 손이

深藏心裡虔合手　　깊은 마음 속 거룩한 合掌인 양하고

此夜蟋蟀醒三頃　　이 밤사 귀또리도 지새우는 三頃인데

薄紗白巾麗接蝴　　얇은 紗 하이얀 고깔은 고이 접어서 나빌레라

25

韓龍雲의 「님의 沈默」

萬海 韓龍雲(1879, 高宗 16~1944) 先生은 세 개의 명칭으로 우리나라 歷史에서 기억되는 분입니다. 첫째는 佛敎 스님이요, 둘째는 3·1運動을 주도한 獨立鬪士요, 셋째는 『님의 沈默』과 같은 詩集을 낸 詩人입니다.

이 분의 生涯는 제1기(1세~30세)의 出生·成長·修鍊·得道의 시절을 거쳐, 제2기(31세~40세) 佛僧으로서의 활동, 제3기(41세~43세) 3·1運動으로 인한 獄苦를 치른 다음, 제4기(44세~52세)의 壯年 活動과 제5기(53세~66세)의 老年 活動으로 나누어 볼 수 있습니다.

제1기 : 忠淸道 洪城에서 태어나 어려서부터 出衆함이 돋보였다 합니다. 6세에 『西廂記』, 『通鑑』, 『書經』 등에 통달하였다고 전해 옵니다. 18세에 인생을 苦惱하며 彷徨하다가 家出하여 27세에 百潭寺에서 得道 修戒함으로써 僧侶生活을 시작합니다. 30세에 『華嚴經』, 『般若經』 등 佛敎의 主要 經典을 完讀 修了하고, 佛敎 改革과 國家 改革을 꿈꾸는 圓熟한 禪師가 됩니다.

제2기 : 31세에 表訓寺에서 佛敎 講師로 취임하여 佛敎 敎育者로 활약을 시작합니다. 이 때로부터 40세에 月刊 『惟心』을 刊行하기까지 10년 간 萬海는 論客으로 布敎師로 著述과 講演과 雜誌 刊行 등 눈부신 활동을 전개합니다. 35세 때 『朝鮮佛敎維新論』, 36세 때 『佛敎大全』, 39세 때 『精選講義菜根譚』을 발행합니다. 39세 때 발표한 다음과 같은 悟道頌은 得道한 禪僧의 진면목을 드러냄에 손색이 없습니다.

        男兒到處是故鄕   사나이 가는 곳이 고향인 것을
        幾人長在客愁中   그 몇이나 客愁 속에 젖어 있었나
        一聲喝破三千界   큰 소리 한 번에 세상 깨지니
        雪裡桃花片片紅   눈 속에 복사꽃이 펄펄 날린다

제3기 : 3·1운동의 主動者(주동자)로 활약하며 3년 간의 獄苦(옥고)를 치른 기간입니다. 萬海(만해)는 『惟心(유심)』을 발행하는 1918년부터 각 분야의 民族指導者(민족지도자)를 만나 독립운동을 논의하기 시작하다가 天道敎(천도교)를 중심으로 獨立宣言運動(독립선언운동)을 하는 것이 좋겠다는 생각으로 天道敎(천도교)의 孫秉熙(손병희)를 대표로 하는 己未獨立運動(기미독립운동)을 기획하게 됩니다. 崔南善(최남선)의 獨立宣言書(독립선언서) 末尾(말미)에 萬海(만해)의 公約(공약) 3章(장)이 추가된 것을 보면 3·1운동의 핵심중의 핵심이 萬海(만해)임이 드러납니다.

제4기 : 왕성한 사회 활동과 빛나는 著述(저술)을 지속한 시기입니다. 朝鮮物産(조선물산) 奬勵運動(장려운동), 民主大學(민주대학) 設立運動(설립운동), 佛敎(불교) 大衆化運動(대중화운동), 新幹會(신간회) 活動(활동), 光州(광주) 學生運動(학생운동)의 全國化(전국화)를 위한 民衆大會(민중대회) 등의 활동을 펼칩니다. 그리고 佛敎敎義解說書(불교교의해설서)인 『十玄談註解(십현담주해)』와 韓國詩史上(한국시사상)의 金字塔(금자탑) 「님의 沈默(침묵)」도 이 기간 중에 나옵니다.

제5기 : 원숙한 老年(노년)의 여유와 인간미를 보이는 시기입니다. 佛敎(불교) 維新(유신)으로 帶妻(대처)를 주장해 왔는데, 그 모범을 보여 55세에 젊은 여인 兪淑元(유숙원)과 결혼하여 딸 英淑(영숙)을 얻습니다. 그러나 사회 활동이 수그러든 것은 아닙니다. 癩病救濟硏究會(나병구제연구회), 丹齋(단재) 申采浩(신채호)의 墓碑(묘비) 建立(건립), 朝鮮人(조선인) 學兵(학병) 出征(출정) 반대 등 獨立鬪士(독립투사)로서의 本分(본분)을

晩年에까지 지속합니다. 雜誌 『佛敎』운영, 長篇小說 『黑風』, 『薄命』을 朝鮮日報에 連載한 것 역시 이 晩年의 業績입니다.

자! 萬海의 일생은 이 정도로 살펴봅시다. 그리고 그의 대표작 「님의 沈默」으로 시선을 옮겨 봅시다. 이 詩는 散文투의 自由詩입니다. 詩 全篇이 11行으로 구성되었으니 순서에 따라 차례로 읽어 보기로 합니다. 우선 '님'의 正體입니다. '님'은 일단 '사랑하는 戀人'을 지칭하는 普通名詞입니다. 그런데 여기서는 일단 宗敎的인 차원에서 絕對者를 欽崇한 것 같으나, 그 根底에는 잃어버린 祖國을 다시 찾고자 하는 不屈의 意志와 信念을 감추고 있습니다. 詩人이 獨立鬪士요, 佛僧이라는 점을 유감없이 드러냈다고 하겠습니다. "님은 갔습니다"가 初頭에 반복되고, 그 "갔습니다"가 "날아갔습니다", "사라졌습니다"로 이어집니다. 祖國의 喪失을 깊이 恨歎하는 것입니다.

그리고 두 번째로 주목할 것은 특이한 表現方式 한 가지입니다. 그것은 '차마'라는 副詞의 쓰임입니다. 둘째 行 끝에 "차마 떨치고 갔습니다"가 나옵니다. 이것은 일반적인 표현방식에서 벗어난 표현입니다. 이 '차마'라는 副詞는 "차마 떨치지 못할 것을 떨치고 갔다"고 否定의 表現이 들어가야 자연스러운 표현입니다. 그런데 이 詩에서는 그것을 省略하고 肯定의 표현으로 쓰인 것입니다. 離別의 緊張을 擴大化한 수법입니다. 이러한 詩的 技法은 제5행에 또 나타납니다. "향기로운 말소리에 귀먹고, 꽃다운 얼굴에 눈멀었다"는 표현입니다. 보고 들은 것이 非正常이라고 함으로써, 그 대상에 대한 사랑함의 정도를 擴大化시킨 逆說의 수법입니다. 이러한 逆說이 이 詩의 妙味와 깊이입니다.

이렇게 展開된 사랑과 슬픔의 極限은 제7행 '그러나'로 시작하는 反轉을 거쳐, 제9행 會者定離의 人生行路에서 결국은 萬難을 克服하고 다시 만나리라는 法悅을 노래합니다. "님은 갔으나 님을 보내지 않은" '나'의 신념이 있기 때문입니다. 참으로 놀라운 승리의 讚歌입니다.

이제 이것을 차례대로 漢譯해 봅니다. 七言을 지키기 위해 첫 行에 '阿阿'를 둘째 行에서 옮겨 놓았습니다.

主之沈默　님의 침묵

阿阿主也歸去了	님은 갔습니다.
愛慕吾主終歸去	아아 사랑하는 나의 님은 갔습니다.
破碧山色楓方路	푸른 산 빛을 깨치고
	단풍나무 숲을 향하여 난 작은 길을
緩步絶袂歸去了	걸어서 차마 떨치고 갔습니다.
若如黃金之花瓣	황금의 꽃같이
堅而輝煌古盟誓	굳고 빛나던 옛 맹서는
變爲寒冷粉塵埃	차디찬 티끌이 되어서
一把微風飛翔去	한숨의 미풍에 날아갔습니다.
銳利接吻初追憶	날카로운 첫 키스의 추억은
換置吾命之指針	나의 운명의 지침을 돌려놓고
後進退步消滅終	뒷걸음쳐서 사라졌습니다.

吾聲香芳主聲音	나는 향기로운 님의 말소리에
又盲華奢主顏容	귀먹고 꽃다운 님의 얼굴에 눈멀었습니다.

愛慕是亦人情事	사랑도 사람의 일이라
迎接時測豫別離	만날 때에 미리 떠날 것을 염려하고
無不警戒常念慮	경계하지 아니한 것은 아니지만,
離別終當意外事	이별은 뜻밖에 일이 되고
驚訝胸襟破新悲	놀란 가슴은 새로운 슬픔에 터집니다.

然別離産無用淚	그러나 이별을 쓸데없는 눈물의 원천을 만들고 마는 것은
自認作淚自破慕	스스로 사랑을 깨치는 것인 줄 아는 까닭에,

遷移不勝悲哀勞	걷잡을 수 없는 슬픔의 힘을 옮겨서
注入頂門新希望	새 희망의 정수박이에 들어부었습니다.
吾相逢時思別離	우리는 만날 때에 떠날 것을 염려하는 것과 같이,
亦信別離必再逢	떠날 때에 다시 만날 것을 믿습니다.

阿阿主任已歸去	아아, 님은 갔지마는
吾尙未至拜送主	나는 님을 보내지 아니하였습니다.
不勝曲調自慕歌	제 곡조를 못 이기는 사랑의 노래는
排廻還抱沈默主	님의 침묵을 휩싸고 돕니다.

26
金光均의「雪夜」

詩人 金光均(1914~1993)은 開城 사람으로 松島商業學校를 졸업하고 1926년 「中外日報」에 「가는 누님」을 발표하면서 文壇 活動을 시작하였다. 都市的 風物을 이미지즘 성향으로 그려내는 繪畵的 詩風을 보이는 것이 그의 特色이다. 日帝末 및 光復期에는 詩 속에 社會性과 現實性을 賦與하려는 傾向이 컸으며, 光復 뒤에는 左右翼 分裂에 대한 反撥로 中途性을 지키려 노력하였다.

詩集에 『瓦斯燈』(1939), 『寄港地』(1947), 『黃昏歌』(1957) 등이 있다. 1950년대 이후에는 實業系에 投身하여 韓國經濟人聯合會

理事, 韓國貿易協會 理事 등을 歷任하고 1993년 11월 死亡하였다. 여기 소개된 詩 「雪夜」는 눈 오는 밤의 抒情을 淡朴한 心境으로 그리고 있다. 한 밤에 소리 없이 흩날리는 눈발 속에서 서글픈 옛 자취를 생각해 내며, 먼 곳의 여인의 옷 벗는 소리를 듣는다. 또한 눈발은 빛도 香氣도 없이, 차디찬 衣裳으로 내 슬픔을 감싸고, 그 위에 서린다. 서글픈 追憶의 이미지즘 風의 詩이다.

雪夜

遠隔何處消息戀　　어느 먼 곳의 그리운 消息이기에
無聲飛散是深夜　　이 한밤 소리 없이 흩날리느뇨

簷下端懸燈火息　　처마 끝에 호롱불 여위어 가며
如古愁跡白雪下　　서글픈 옛 자취인 양 흰 눈이 나려

口出白氣自濕胸　　하이얀 입김 절로 가슴이 메어
心中虛空燈火明　　마음 허공에 등불을 켜고
我獨夜深靜庭步　　내 홀로 밤 깊어 뜰에 내리면
遠處女人脫衣聲　　먼 곳의 여인의 옷 벗는 소리

稀微白雪片片散　　희미한 눈발
必是喪失追憶端　　이는 어느 잃어진 추억의 조각이기에
冷寒追悔苦此喘　　싸늘한 追悔 이리 가쁘게 설레이느뇨

無一條光亦無香　　한 줄기 빛도 香氣도 없이
孤獨付着寒衣裳　　호올로 차디찬 衣裳을 하고
白雪下降又下積　　흰 눈은 나려, 나려서 쌓여
吾悲美麗蟠其上　　내 슬픔 그 위에 고이 서리다